【教育部人文社科】基于增长极理论的长三角体育产业一体化发展研究，项目编号：21YJA890007。

# 基于增长极理论的
# 区域体育产业一体化发展研究

单　涛◎著

吉林出版集团股份有限公司
全国百佳图书出版单位

**图书在版编目（CIP）数据**

基于增长极理论的区域体育产业一体化发展研究 /
单涛著. -- 长春：吉林出版集团股份有限公司，2023.6
ISBN 978-7-5731-3893-4

Ⅰ.①基… Ⅱ.①单… Ⅲ.①体育产业—产业发展—
研究—中国 Ⅳ.①G812

中国国家版本馆CIP数据核字（2023）第134187号

---

**基于增长极理论的区域体育产业一体化发展研究**
JIYU ZENGZHANGJI LILUN DE QUYU TIYU CHANYE YITIHUA FAZHAN YANJIU

---

著　　者：单　涛
责任编辑：李　强
装帧设计：马静静
出　　版：吉林出版集团股份有限公司
发　　行：吉林出版集团青少年书刊发行有限公司
地　　址：吉林省长春市福祉大路5788号
邮政编码：130118
电　　话：0431-81629808
印　　刷：北京亚吉飞数码科技有限公司
版　　次：2024年3月第1版
印　　次：2024年3月第1次印刷
开　　本：710mm×1000mm　1/16
印　　张：14.75
字　　数：234千字
书　　号：ISBN 978-7-5731-3893-4
定　　价：86.00元

---

如发现印装质量问题,影响阅读,请与印刷厂联系调换。电话：010-82540188

# 前　言

增长极理论是西方区域经济学中经济区域观念的基石，是"不平衡发展论"的一个重要依据。"增长极"理论指出，经济增长大多是从一个或数个增长的"极"或"点"开始，随着增长极的发展壮大，通过极化和扩散效应的交替作用，使增长极的经济实力强化，同时辐射和带动周围地区，推动整个区域经济的发展。"增长极"理论为我国体育产业的发展提供了重要的启示和理论依据，启示我国体育产业的发展应该以一定的区域体育产业发展为先导和前提，并以经济发达地区体育产业为先导，以本地区内的首位城市为中心，以点带面、分层推进，努力实现我国体育产业的整体发展。而且，在区域体育产业发展中要紧跟区域经济一体化的潮流趋势，走一体化和协同发展之路。基于此，作者在查阅大量相关著作文献的基础上，精心撰写了本书，为促进我国区域体育产业的一体化发展提供科学指导。

本书共七章。第一章阐述体育产业与区域体育产业的基本知识，从而了解本书主要研究的对象。第二章分析区域体育产业一体化发展的理论与价值，指出增长极理论与区域经济一体化理论对我国区域体育产业发展的重要指导价值。第三章探讨增长极理论下我国区域体育产业的培育与发展，结合宏观环境为我国区域体育产业的培育与发展提出建议。第四章至第六章分别对京津冀、长三角和珠三角区域体育产业的一体化发展展开研究，通过优先发展发达地区的体育产业逐渐实现由点带面的整体发展目标。第七章以体育旅游产业为例对增长极理论下区域体育产业的一体化发展进行实证研究，为我国不同地区体育旅游产业的协同发展提供指导。

总体而言，本书具有以下几个特点：

第一，时代性。在新时期背景下，我国高度重视体育产业的发展，强调要选择区位条件好、经济社会发展优越的区域中心城市为我国体育产业发展的聚集区、示范区，这与当前我国体育产业发展的政策引领和要求相符，也与区域增长极理论的扩散效应和带动功能高度契合。因此，本书在增长极理论指导下和国家产业政策引领下研究区域体育产业的一体化发展具有重要的时代意义。

第二，系统性。本书先阐述区域体育产业一体化发展的相关理论，其次重点对三个都市圈体育产业的一体化发展进行详细研究，最后以实证研究结束，结构合理，逻辑严谨，理论与实证结合，具有较强的系统性。

第三，创新性。当前我国正处于体育产业发展进程中的重要阶段，一体化是实现区域体育产业高质量发展的重要途径，这是经济一体化的客观要求。本书重点探讨了京津冀、长三角和珠三角三个重要都市圈区域体育产业的一体化发展，既顺应了经济一体化的发展潮流，又使区域体育产业一体化发展的理论更有说服力，突出了本书的创新性和前沿性。

总之，本书重点从增长极理论出发对我国区域体育产业的一体化发展进行研究，在分析区域体育产业培育与发展的基础上，重点探讨三大都市圈体育产业一体化发展的情况和未来前景，并根据不同区域的实际情况为各自体育产业的一体化发展提出了建议，最后以热门的体育旅游产业为例展开实证分析。期望本书能够为提高我国区域体育产业的协同发展质量、加快我国体育产业发展速度及提升整体竞争力做出贡献。

本书在撰写过程中参考并借鉴了很多专家、学者的研究成果，在此表示诚挚的感谢。由于作者水平有限，书中难免有不妥与疏漏之处，敬请广大读者批评指正。

作　者
2022年9月

# 目 录

# 第一章　体育产业与区域体育产业

体育产业作为一项新兴行业，自其出现以来表现出强大的发展活力，尤其是在一些体育发达国家，其体育产业在不同方面促进着社会的发展和进步。但是体育产业在我国的起步较晚，还有相当大的发展空间需要探索和研究。本章将从体育产业的概念与内容、体育产业的属性及特征、体育产业的分类和结构以及区域体育产业概述几方面展开研究。

# 第一节  体育产业的概念与内容

## 一、体育产业的概念

### （一）体育与产业的概念

体育产业概念的核心是"体育"和"产业"。

体育是指人们有意识、有目的地进行的身体活动。本质上，体育属于文化范畴，是人们为丰富业余生活而开展的具有健身、娱乐和休闲性质的身体活动。产业是指市场上生产同类产品的企业集合体。本质上，产业属于经济范畴。

### （二）体育产业的概念

体育产业是指体育与产业的融合与交互，并在原有的基础上发展出新的内容与属性，它并不是简单的叠加。一方面，体育产业是在体育的文化范畴内衍生出经济内容，增加了新的维度；另一方面，同时也让产业的经济范畴扩容了文化内容。由此可见，作为新兴行业的体育产业，潜藏着巨大的想象力，具有极大的发展空间。因此，我国在发展体育产业的过程中，应加强探索的力度和决心，努力发挥体育产业的多重潜力，为我国的体育、经济、文化等行业的持续发展注入更多的活力。

最初的体育文化活动发展具有一定的自发性、随机性和偶然性，而体育产业的发展，则是在运行机制上取得了质的突破，是对社会发展和时代需求的积极响应，它符合人们日益增长的对文化生活的期待，能够满足人们普遍存在的对高品质健身娱乐消费活动的期待。

相对于体育和产业这两个概念而言，体育产业具有如下两个显著特点。

### 1.组织方式的改变

体育产业将体育运动由原来的自然自发的模式，向着组织化、生产化、消费化和营利化的产业运营模式转变，它是近现代人类经济社会出现的一种新的产业形态。将体育这种以文化形式存在的、具有强劲生命力的生活方式，发展为具有商品属性，可以进行市场化操作，以多种形式进行价值交换的新兴事物，通过转换发展思路和拓展发展路径，使体育从类似一种自给自足的模式，转变为主动拓展更多的可能性，并以满足消费者潜在需求为导向的经营模式。因此，组织方式的转变是其显著特点之一。

在体育产业语境内，"体育商品"包括体育文化商品、体育物质商品和体育服务商品等几大类，它们从不同层面激活了大众体育消费市场的发展潜力，并逐步形成越来越完善的体育产业市场。

以体育物质商品为例，衍生出全线的体育运动器械、健身器械、体育休闲用品、体育装备、体育服装等商品的生产者、经营者、推广者与消费者，形成完整的产业链。体育产业的不断发展不仅丰富了人们的体育文化生活，加强了各个国家和地区之间的文化交流与传播，而且对国家或地区的经济总量和结构也产生了重要的影响。

### 2.社会功能的改变

体育产业是指生产和经营体育商品的企业集合体。随着体育产业的广泛发展，这些企业的种类、规模、经营方式等都在不断地发展完善中，越来越焕发出强劲的生命力。发展体育产业的最终目的是搞活体育商品的产、供、销的商业活力，全面发展体育产业经济行为，不仅对国家的整体经济增长起到一定的促进作用，而且还能对产业结构调整、升级，以及扩大就业市场产生积极影响，从而在整体上提升了我国国民的身体素质、文化素质和生活质量等。

曹可强在《体育产业概论》一书中提出，体育产业是体委系统各部门为经营创收而兴办的各种产业。这一观点的核心内容是拆除了行业壁垒，让体育进行全方位的市场化运作，进而丰富了其社会功能，也加强了体育的生命力。除了增强体育自身的发展动力之外，同时，体育产业还向社会提供了多种多样的服务和价值，主要包括体育场馆服务、体育竞赛和表演服务、体育医疗康复服务、体育咨询培训服务等。从原来的体育和文化内容，扩充了社会、经济以及政治等维度的发展。因此，它不仅对个体、群体具有明确的体育运动功能，同时对商业发展和社会进步也产生了巨大的推动作用。

## 二、体育产业的内容

体育产业与体育事业的重要区别是，体育事业具有一定的公益和福利的性质，它的核心任务是满足社会精神文明的发展和建设。体育产业的首要目的是谋求经济效益，具有强烈的商业性质，也就是说体育产业具有自负盈亏的重要特点，而体育事业属于国家财政拨款支持，也无需纳税。体育产业若要在市场竞争中生存下来，需要努力扩大发展空间和生存能力，只有获得市场的认可，才能得到满意的经济回报。

下面具体分析体育产业的主要内容。

### （一）体育竞赛表演活动

体育竞赛表演活动是指以体育项目为内容，以竞赛为形式的各种演出活动，它是以健身娱乐为目的的一种体育活动形态。体育竞赛表演活动可以分为职业体育竞赛表演活动、非职业体育竞赛活动两大类。

1.职业体育竞赛表演活动

职业体育竞赛是指那些专门从事职业联赛和选手培养的商业体育表演活动的组织，他们的业务活动涵盖了组织、宣传、训练、运动员培养等全面系统的工作内容。最常见的有单项运动项目协会、俱乐部联盟、企业化管理的体育俱乐部、体育赛事承办公司等。

2.非职业体育竞赛活动

非职业竞技体育比赛以及非竞技运动项目的组织和宣传，一般都是由非职业体育赛事机构负责承办，它们与职业体育赛事机构具有相似的社会功能。其主要针对的是非职业或业余体育赛事活动的组织和经营，包括各种业余体育俱乐部、群众性体育俱乐部等。

## （二）体育健身休闲活动

体育健身休闲活动指的是以体育项目为内容，以满足人们在体育健身、休闲娱乐等方面的需要为目的的一类体育活动。通常包括休闲健身活动和体育文化活动。

### 1.休闲健身活动

休闲健身活动是指常见的面向社会开放的休闲健身馆、健身活动中心以及其他经营体育娱乐活动的组织和机构，包括健身会所、健身俱乐部、户外运动俱乐部、体能拓展训练会所等以营利为目的的公司。

### 2.体育文化活动

体育文化活动包括针对广大群众的体育文化活动的组织机构、学生课外体育兴趣小组、体育非物质文化遗产保护活动的机构等。它们的主要工作是组织群众进行与体育相关的文化休闲活动，如体育电子游艺活动、电子竞技活动等。

## （三）体育场馆服务

### 1.体育场馆

体育场馆是开展各种体育活动的主要场地和环境，在我国一般是指由政府投资或筹集社会资金兴建，也有一些成功企业家冠名资助的体育馆、网球馆、游泳馆等。这些大型的体育场馆和专项运动馆，一般都进行经营性管理，具有一定的商业价值，且能够为附近社区提供便利的体育服务。

体育场馆有多种不同的分类方法，下面主要介绍两种常见的分类方法。

（1）根据建设规模划分

根据体育场馆建设规模，体育场馆主要分为三类，即大型体育场馆、中型体育场馆和小型体育场馆。一般来说，大型体育场馆指能承担大型体育活动、座位在5万以上的体育场馆。中型体育场馆指能承担较大型体育活动、座位在2～5万的体育场馆。小型体育场馆指能承担体育活动、座位在2万及2万以下的体育场馆。

（2）根据使用用途划分

根据体育场馆的使用用途（适用度）进行划分，体育场馆可以分为专业体育场馆和综合性体育场馆两类。

专业体育场馆多应用于竞技体育领域，是指针对专项体育运动项目而建设的场馆，场馆用途单一。

综合性体育场馆是用于开展各种类型的群众体育活动，满足人民群众的娱乐、健身需求的体育场馆，同时也可以作为竞技体育的训练基地，是我国体育事业发展的一个重要物质基础。

2.其他体育场地

除了正规的体育场馆、运动馆之外，散布在城市街区、社区的大大小小的广场、健身设施以及一些企业内部的健身场所，也提供着重要的体育服务功能，为有限人群开展体育运动提供便利。

## （四）体育中介服务

体育中介服务是指为各类体育活动提供中介服务的企业法人单位。其包括主营或兼营体育中介业务的体育经纪公司、体育咨询公司、票务公司、体育广告公司等。

## （五）体育产品销售、贸易代理与出租体育及相关用品销售

分支庞大、构成复杂的体育用品是体育产业的重要分支，包括生产、经营和品牌管理，如各种专卖店、体育用品专营店、百货公司等。体育用品、运动服装、运动鞋帽等体育相关产品，从品牌设计、产品生产到市场营销等，已经发展为非常成熟的市场。由于这些体育产品也是普通消费者高频使用的商品，因此具有较强的群众基础，经济效益可观。

# 第二节　体育产业的属性及特征

## 一、体育产业的属性

体育产业是在现代市场经济条件下催生的产物，符合社会发展的需要，其基本属性为第三产业的现代娱乐业。

体育运动由原来的自为模式向着组织化、生产化、消费化和盈利化的产业运营模式转变，在市场经济推动下，逐渐形成一种高度专业化、资本运作的新型产业形态。但是，从本质上看，体育产业仍然是第三产业中的娱乐服务业的重要组成部分。无论是体育物质商品还是体育服务商品，都是为人们提供娱乐休闲服务的重要环节，体育娱乐业在整个服务业中也占据着重要位置，对人们的身体健康、业余生活以及精神文明建设都能起到重要的作用。

另外，也存在一种声音，即认为体育服装、体育器材等实物产品不应属于体育产业，有部分学者认为划分此类产品是否属于体育产业的关键因素在于社会大众使用体育服装和体育器材的根本意图是进行体育活动，还是普通消费。

## 二、体育产业的特征

当今世界的体育产业发展，主要是以西方发达国家为主要推动者而发展起来的，因此具有较为明显的西方社会文化特征。但是，不同国家和地区的体育产业具有一定的区别，各自具有不同的特征，下面将重点对世界体育产业和我国体育产业的特征进行分析。

## （一）世界体育产业的特征

### 1.商业化程度较高

就当前世界体育产业的发展态势来看，已经进入非常成熟的阶段，而且还在快速的发展过程中。西方以及其他经济发达国家体育产业的商业化程度较高，并渗透进社会生活的多个方面，与许多行业已经形成强有力的共生关系。以NBA为例，NBA是迄今为止最成功的体育经济产品之一。NBA利用多年积累下来的完善的市场运作、成熟的商业理念、全方位的产品包装等将其商业帝国成功地推向全世界。总之，高度的商业化是世界体育产业发展的主要特征之一。

### 2.影响力广泛

世界体育产业的发展还具有影响力广泛的特征。

首先，由于体育产业已经发展出庞大的分支系统，因此它在多个行业、多个领域都产生了一定的影响力。无论在哪个年龄层，也无论是哪个国家，都不乏体育产业的踪影。体育产业是构成现代人生活方式、休闲娱乐、健身、社交的重要部分。随着经济的不断发展，人们的生活理念和价值追求都有了进一步的提高，人们越发关注健康的生活方式，因此会选择在业余时间参加丰富的健身运动来锻炼身体、增强体质和丰富生活内容。体育的交流可以跨越民族、国家和语言的障碍，让具有相同体育爱好的人们通过体育这一媒介，结为各种形式的组织，这些都是体育产业程度发展的重要体现。

其次，体育产业是目前发展最为成熟的娱乐产业之一，奥运会、世界杯、世锦赛等都在世界范围内具有广泛的影响力。它们已经超越了体育文化、政治、商业以及经济的范畴，而是具有多重内涵的、综合的、价值多元的第三产业。现代体育产业的魅力非凡，尤其在商业价值上具有卓越的表现，吸引着众多的公司以体育赞助和广告的形式参与到体育产业中来，影响力非常广泛。

### 3.产业产值较高

随着现代社会进程的推进，人们对自身的要求，以及对生活的诉求也在不断提出新的要求，而体育休闲往往是人们提升生活方式的首要选择。人们对体育活动的需求越来越多元，参与体育活动的意愿越来越强烈，这些都促进了体育产业产值的提高。与此同时，体育产业消耗能源少，对环境不会造成污染，反而还会促进一些地区的文化传播和带动当地的旅游发展，因此可以从多个角度提高产业产值，是一个可以长期存在和可持续发展的产业。

### 4.从业人数较多

由于体育产业分支繁多，因此也为社会提供了众多的就业机会，在世界范围内，有着较为广泛的体育产业从业人群，他们共同支撑着体育产业的持续发展。伴随着体育运动的社会化、职业化、商业化，体育产业的国际化程度正在不断加强，体育产业在稳定的发展过程中，为世界范围内的就业情况发挥着重要的积极作用。

## （二）我国体育产业的特征

我国的体育产业发展与西方国家相比，起步较晚，另外，东西方文化本来存在的异同也使我国的体育产业发展与世界体育产业存在一定的差异，主要体现在以下几方面。

### 1.传统文化必然对体育产业产生影响

我国的体育产业明显受到西方体育产业的影响，还处于学习和探索的初级阶段，因此，还没有完全发挥出自身的优势和特征。但是，不同的文化背景和民族特性，决定了我国的体育产业发展必然会带有强烈的中国传统文化的特性。比如中国传统文化中提倡"天人合一、中庸自然"的理念，必然会自觉不自觉地在体育产业中有所体现。

2.我国的体育产业还不够成熟

就目前我国的体育产业发展情况来看，整体上发展得还不够充分和健全，还有很多需要改进和完善的地方。比如，我国的体育产业发展，还不能完全脱离政府的扶持，特别是大的产业形态还不能单纯地靠市场运作而独立发展。因此，我国的体育产业发展还不够成熟，还需要更多时间。

# 第三节　体育产业的分类和结构

## 一、体育产业的分类

由于研究目的的不同，国内外对体育产业的分类标准和分类方法具有明显的差异。不同学者对体育产业的分类有不同的认识与看法，详细情况如下。

### （一）国外体育产业的分类

1.从发展进程的角度进行分类

依据体育产业发展的历史，可以将体育产业分为业余体育、学校体育、职业体育三种类型。

（1）业余体育

业余体育是体育发展历史最为悠久的部分，也是发展最为普遍的部分。竞技运动起源于西方，比如截至目前影响力最大的体育活动——奥运会就起源于古希腊。古希腊文明有崇尚体育与竞争的传统，他们以运动为美，以身材雄健为美。因此，运动在以古希腊为首的欧洲具有广泛的群众基础。人们喜欢运动，乐于坚持运动，并且踊跃参与体育竞争。这些都为国外的体育发展奠定了重要的基础。

进入19世纪以来，特别是工业革命之后，英国在诸多方面都居于领先地位，以英国强身派基督教为代表的传教士宣扬"健康的心灵来源于健康的体魄"的健康理念。尤其是英国在滑铁卢战役后，士气倍受鼓舞，并认为之所以取得胜利的重要原因是英国公立学校对体育运动的普及。于是，人们更加重视体育运动，并热情地投入其中。当时的英国社会普遍流行起积极进行体育运动的风潮，随着英国殖民扩张的步伐，也将这一风潮带到世界其他国家。

与此同时，英国社会还流行着一种观点，认为那些为了金钱而参与体育比赛或进行体育运动的人是卑劣的。这其实是指当时的职业体育及其贫民参与者，因此在很长一段时间里，职业体育都受到歧视和排挤。而上流社会则以参与业余体育为荣，他们自然成为业余体育的主体。这种价值观甚至成为阻碍职业运动项目进入奥运会的一个重要思想根源。在这样的大背景下，在当时的英美国家，人们都推崇"业余体育至上"的精神，因此运动员是没有酬金的，而观看竞技比赛也是免费的。

（2）学校体育

在业余体育的发展带动下，体育开始普遍进入学校，尤其是大学校园。因此，严格来说大学体育仍属于业余体育的范畴，是业余体育的分支。当时欧洲的大学都是在教会的控制和管理下发展的，教会和贵族及上流社会有着天然的紧密联系，这也决定着大学的体育运动并非以培养职业化运动员为教育目标，而是对体育运动成绩优异的学生以奖学金的形式进行奖励。这一影响至今仍存在，比如今天的大学一直保留着对体育成绩优异的学生给予额外的奖学金的做法。

（3）职业体育

实际上，西方的职业体育发展经历了较长的时间。随着资本主义工商业的兴起和资本主义生产关系的确立，加速了社会和经济的发展。市场经济不仅对社会经济、文化以及各个行业都产生了深远的影响，同时也在不知不觉中松动，甚至改变了人们的价值观。从市场经济的角度出发，竞技体育蕴含着巨大的商业价值，体育健将们精彩绝伦的竞技表演，能带给人愉悦的精神体验，并且给社会创造出多方面的积极影响。在这样的背景下，职业体育逐渐获得了发展的机会。人们的价值观、运动观越来越趋向社会发展的方向，对竞技体育的理解和认识也越来越进步和务实。运动员凭借过人的天分、刻苦的训练以及顽强的毅力才能获得的运动表现，也应该得到社会的认可和相应的商业回报。

总之，职业体育随着市场经济的不断发展而逐渐取代了业余体育的主导地位。随着体育市场体系的不断成熟和完善，体育产业在国民经济中的地位日益显著。事实证明，体育的职业化是体育产业兴起与发展的重要前提。但是业余体育和学校体育也为职业体育后来的快速发展奠定了重要的基础。因此，三者之间具有密切的关系，对今天体育产业的蓬勃发展发挥了不可替代的作用。

**2.从产业结构和产业关联的角度进行分类**

从产业结构和产业关联的角度，体育产业又可以分为主体产业和相关产业两种。

（1）主体产业

主体产业包括体育竞赛表演、训练、健身、娱乐、咨询、培训等市场，交易的对象是体育劳务与服务。

（2）相关产业

相关产业包括体育用品市场、体育场馆经营、体育文化（传媒）、体育中介、体育资本市场（包括体育博彩、租赁等）。

**3.从财政负担的角度进行分类**

从财政负担的角度进行分类，体育产业还可以分成公共体育和非公共体育。

（1）公共体育

所谓的公共体育，就是由国家全权出资建设，同时还会提供其他相关的资源和扶持，主要用于满足公民对体育运动的基本需求，包括建设各类体育场馆、健身设施器材以及体育教育等服务。公共体育的资金完全来源于政府的公共财政预算，不以营利为目的，具有明显的公益属性。

（2）非公共体育

非公共体育一般分为企业运营和民间组织两种。

以企业主导的非公共体育属于经营范畴，以盈利为主要目的。还有一种是民间的非营利组织，最常见的就是各种NGO。NGO不以营利为目的，因此其资金来源一般都是靠募集的方式获得企业或基金的资助，主要目的是针对一些少数群体或弱势群体提供公益性质的体育活动。

## （二）国内体育产业的分类

### 1.从管理的角度进行分类

（1）体育主体产业

体育主体产业也叫"本体产业"，指由体育部门管理的、发挥体育自身价值和功能的、以提供体育服务为主的体育产业经营活动，包括竞技体育产业、群众体育产业、体育彩票和体育赞助、体育教育科技产业等。

（2）体育相关产业

体育相关产业指与体育有关的其他产业的生产经营活动，如广告和传媒的生产与经营、体育场地、器材、服装、饮料、食品等。

（3）体办产业

体办产业指体育部门为创收和补助体育事业发展而开展的体育主体产业以外的各类生产经营活动。

### 2.从体育商品的性质进行分类

（1）体育服务业

体育服务业提供体育服务产品，又可以细分为健身娱乐、竞赛表演、体育中介、体育培训、体育博彩、体育媒体、体育旅游、体育康复保健等行业。

（2）体育配套业

体育配套业提供体育物质产品，可以细分为体育服装、体育鞋帽、体育器材、体育食品、体育饮料、体育建筑等。

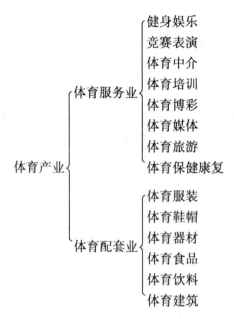

图1-1　按照体育商品的不同性质分类[①]

3.从上下游的关系进行分类

根据体育产业链上下游关系，可将体育产业分为上游产业、中游产业和下游产业三种类型。

（1）上游产业

上游产业是体育产业的原生态，包括体育竞赛、体育表演、健身娱乐等。

（2）中游产业

中游产业是指为体育上游产业提供支持性服务的产业群，包括体育培训、体育中介、体育服装、体育鞋帽、体育媒体、体育器材、体育场馆运营、体育保健、体育康复等。

（3）下游产业

下游产业是间接为上游产业以及直接为中游产业服务的相关产业，下游

_____

① 曹可强.体育产业概论[M].上海：复旦大学出版社，2004.

产业具有更强的服务特色，它们为体育上、中游产业服务的同时，还丰富了体育产业的生态，对体育产业健康、长效的发展具有重要意义。体育下游产业包括体育饮料、体育食品、体育博彩、体育旅游、体育建筑、体育房地产等。

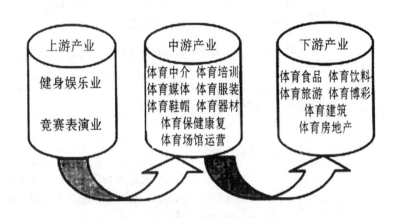

图1-2　体育产业的上下游关系[①]

### 4.《体育产业统计分类（2019）》中对体育产业的分类

为加快推动体育产业发展，科学界定体育产业的统计范围，建立体育产业统计调查制度，国家统计局发布并实施《体育产业统计分类（2019）》，其中指出体育产业是为社会提供各种体育产品（货物和服务）和体育相关产品的生产活动的集合。分类范围包括11个大类，大类中又分为若干小类。《体育产业统计分类（2019）》中关于体育产业的分类、代码（第一层为大类，用2位数字编码表示；第二层为中类，用3位数字编码表示，前两位为大类代码；第三层为小类，用4位数字编码表示，前三位为中类代码）及说明见表1-1。

---

① 曹可强.体育产业概论[M].上海：复旦大学出版社，2004.

## 表1-1 体育产业统计分类表[①]

| 代码 | | | 类别名称 | 说明 |
|---|---|---|---|---|
| 大类 | 中类 | 小类 | | |
| 01 | | | 体育管理活动 | |
| | 011 | 0110 | 体育社会事务管理活动 | 指各级政府部门体育行政事务管理机构的管理活动 |
| | 012 | 0120 | 体育社会组织管理活动 | 指体育专业团体、体育行业团体和体育基金会等的管理和服务活动 |
| | 013 | 0130 | 体育保障组织管理活动 | |
| 02 | | | 体育竞赛表演活动 | |
| | 021 | 0210 | 职业体育竞赛表演活动 | 指商业化、市场化的职业体育赛事活动的组织、宣传、训练,以及职业俱乐部和运动员的展示、交流等活动。主要包括足球、篮球、排球、棒球、乒乓球、羽毛球、拳击、马拉松、围棋、电子竞技等运动项目 |
| | 022 | 0220 | 非职业体育竞赛表演活动 | 指非职业化的专业或业余运动项目比赛、训练、辅导、管理、宣传、运动队服务、运动员交流等活动,以及赛事承办者和相应推广机构等组织的活动 |
| 03 | | | 体育健身休闲活动 | |
| | 031 | 0310 | 运动休闲活动 | |
| | 032 | | 群众体育活动 | |
| | | 0321 | 民族民间体育活动 | 指区域特色、民族民间体育(其中包括少数民族特色体育)以及体育非物质文化遗产的保护等活动 |

---

① 体育产业统计分类(2019)[J].中华人民共和国国务院公报,2019(22):30-39.

| 代码 | | | 类别名称 | 说明 |
|---|---|---|---|---|
| 大类 | 中类 | 小类 | | |
| | | 0322 | 其他群众体育活动 | 指由各级各类群众体育组织（其中包括各级体育总会、基层体育俱乐部等）、体育类社会服务和文体活动机构、全民健身活动站点等提供的服务和公益性群众体育活动 |
| | 033 | 0330 | 其他体育休闲活动 | 指体育娱乐电子游艺厅服务，网络体育游艺、电子竞技体育娱乐活动，游乐场体育休闲活动等 |
| 04 | | | 体育场地和设施管理 | |
| | 041 | 0410 | 体育场馆管理 | |
| | 042 | 0420 | 体育服务综合体管理 | 指以运动健身、体育培训、体育用品销售、运动康复等体育服务为主，融合了餐饮、娱乐、文化等多项活动的综合体的管理 |
| | 043 | 0430 | 体育公园及其他体育场地设施管理 | 指对设在社区、村庄、公园、广场等可提供体育服务的固定安装的体育器材、临时性体育场地设施和其他室外体育场地设施的管理（如全民健身路径、健身步道、拼装式游泳池），以及对体育主题公园的管理等 |
| 05 | | | 体育经纪与代理、广告与会展、表演与设计服务 | |
| | 051 | | 体育经纪与代理服务 | |
| | | 0511 | 体育经纪人 | |
| | | 0512 | 体育保险经纪服务 | 指体育保险经纪服务 |
| | | 0513 | 体育中介代理服务 | |

| 代 码 | | | 类别名称 | 说 明 |
|---|---|---|---|---|
| 大类 | 中类 | 小类 | | |
| | | 0514 | 体育票务代理服务 | 指体育票务服务和体育票务代理服务 |
| | 052 | | 体育广告与会展服务 | |
| | | 0521 | 体育广告服务 | 指各类体育广告制作、发布等活动 |
| | | 0522 | 体育会展服务 | |
| | 053 | | 体育表演与设计服务 | |
| | | 0531 | 体育表演服务 | |
| | | 0532 | 体育设计服务 | 指体育产品工业设计、体育服装设计、体育产品和服务的专业设计、体育和休闲娱乐工程设计等服务 |
| 06 | | | 体育教育与培训 | |
| | 061 | 0610 | 学校体育教育活动 | 指专业体育院校的教学活动，高、中等院校的体育运动，体育经济、体育管理等专业的教学活动，各级各类学校的体育课程教学活动，各级各类学校的校园体育活动 |
| | 062 | 0620 | 体育培训 | |
| 07 | | | 体育传媒与信息服务 | |
| | 071 | 0710 | 体育出版物出版服务 | 指体育类图书、报纸、期刊、音像制品、电子出版物出版和数字出版服务 |
| | 072 | 0720 | 体育影视及其他传媒服务 | 指体育新闻的采访、编辑和发布服务，体育广播、电视、电影等传媒节目的制作与播出以及体育摄影服务等 |

续表

| 代码 | | | 类别名称 | 说　明 |
|---|---|---|---|---|
| 大类 | 中类 | 小类 | | |
| | 073 | 0730 | 互联网体育服务 | 指互联网体育健身与赛事服务平台，体育App应用，以及互联网体育信息发布、体育网络视听、体育网络直播、体育大数据处理、体育物联网和"体育+互联网+其他业态"的融合发展活动等其他互联网体育服务 |
| | 074 | 0740 | 体育咨询 | |
| | 075 | 0750 | 体育博物馆服务 | 指用于展现体育历史发展过程、收藏展示体育文物、宣传体育科普知识、弘扬体育文化、传承体育精神等的博物馆 |
| | 076 | 0760 | 其他体育信息服务 | 指电子竞技数字内容服务、体育运动地理遥感信息服务和其他数字体育内容服务，以及体育培训、赛事、健身软件和电子竞技产品制作等体育应用软件开发与经营等信息技术服务 |
| 08 | | | 其他体育服务 | |
| | 081 | 0810 | 体育旅游服务 | 指观赏性体育旅游活动（如观赏体育赛事、体育节、体育表演等内容的旅游活动），组织体验性体育旅游活动的旅行社服务，以体育运动为目的的旅游景区服务，以及露营地、水上运动码头、体育特色小镇、体育产业园区等的管理服务 |
| | 082 | 0820 | 体育健康与运动康复服务 | 指体质测试与监测服务，运动理疗服务，运动康复按摩服务，科学健身调理服务，科学健身指导服务，专科医院、中医院、民族医院和疗养院提供的运动创伤治疗、运动康复等服务，运动康复辅具适配服务，运动减控体重、运动养生保健等其他体育健康服务 |

| 代 码 | | | 类别名称 | 说 明 |
|---|---|---|---|---|
| 大类 | 中类 | 小类 | | |
| | 083 | 0830 | 体育彩票服务 | |
| | 084 | 0840 | 体育金融与资产管理服务 | 指体育基金（含体育产业投资基金）管理服务，运动意外伤害保险服务，体育投资与资产管理服务，体育资源与产权交易服务 |
| | 085 | 0850 | 体育科技与知识产权服务 | 指体育科学研究服务，运动医学和实验发展服务，体育装备新材料研发，体育知识产权相关服务 |
| | 086 | 0860 | 其他未列明体育服务 | |
| 09 | | | 体育用品及相关产品制造 | |
| | 091 | | 体育用品及器材制造 | |
| | | 0911 | 球类制造 | |
| | | 0912 | 冰雪器材装备及配件制造 | 指雪上、冰上运动项目器材装备及配件制造，主要包括滑雪类运动项目（含滑雪、北欧两项等）、滑冰类运动项目（含滑冰、花样滑冰、冰壶、冰球、雪橇运动等）的器材装备及配件制造，其他雪上、冰上运动器材装备及配件制造 |
| | | 0913 | 其他体育专项运动器材及配件制造 | 指除冰雪器材装备外的各项竞技比赛和训练用器材及用品、相关体育场地器材设施的生产活动 |
| | | 0914 | 健身器材制造 | |
| | | 0915 | 运动防护用具制造 | |

续表

| 代码 | | | 类别名称 | 说明 |
|---|---|---|---|---|
| 大类 | 中类 | 小类 | | |
| | | 0916 | 特殊体育器械及配件制造 | 指武术、散打器械和用品制造，运动枪械及其用弹制造 |
| | | 0917 | 其他体育用品制造 | |
| | 092 | | 运动车船及航空运动器材制造 | |
| | | 0921 | 运动汽车、摩托车制造 | 指生产、改装运动型多用途汽车，以及越野、山地、场地等运动摩托车制造 |
| | | 0922 | 运动船艇制造 | 指赛艇、皮划艇、帆船、帆板、汽艇、摩托快艇、小艇、轻舟等运动器材及辅助用品制造 |
| | | 0923 | 航空运动器材制造 | 指体育航空器运动器材及零配件制造 |
| | 093 | | 体育用相关材料制造 | |
| | | 0931 | 运动地面用材料制造 | 指体育场馆的运动场地用木地板、塑胶和地胶的制造，运动场、高尔夫场等场地用的人造草坪制造 |
| | | 0932 | 体育用新材料制造 | 指用于体育用品、设备、器材等的金属合金材料、高强玻璃钢、高强合成纤维、高强碳纤维、高分子复合纤维等材料的制造 |
| | 094 | | 体育相关用品和设备制造 | |
| | | 0941 | 运动服装制造 | |

续表

| 代码 | | | 类别名称 | 说明 |
|---|---|---|---|---|
| 大类 | 中类 | 小类 | | |
| | | 0942 | 运动鞋帽制造 | 指纺织面运动鞋、运动皮鞋、运动用布面胶鞋、运动用塑料鞋靴及其他运动鞋制造，相关运动服饰制造，不包括运动帽、游泳帽的制造 |
| | | 0943 | 体育场馆用设备制造 | 指体育计时记分系统设备制造，体育场馆塑料座椅制造，体育场馆灯光、音响、电子屏幕等设备制造 |
| | | 0944 | 体育智能与可穿戴装备制造 | 指体育场馆、健身房等场所和体育训练、竞赛、健身等活动用的智能设备和用品制造，可穿戴运动装备制造，运动智能无人机制造 |
| | | 0945 | 运动饮料与运动营养品生产 | 指运动功能性饮料、运动营养食品生产 |
| | | 0946 | 体育游艺娱乐用品设备制造 | 指供室内、桌上等游艺及娱乐场所使用的运动游乐设备（保龄球、台球、沙狐球、桌式足球等）、体育游艺器材和娱乐用品（军棋、跳棋、扑克牌等），主要安装在室内游乐场所的电子游乐设备，以及体育比赛用飞镖等弹射用具和汽车、火车、航空等仿真运动模型等产品的制造 |
| | | 0947 | 运动休闲车制造 | 指野营宿营车挂车、房车及其配件制造，运动休闲两轮车及配件制造，非公路休闲车及配件制造 |
| | | 0948 | 运动康复训练和恢复按摩器材制造 | 指运动康复训练器材、恢复按摩器材制造 |

| 代码 | | | 类别名称 | 说明 |
|---|---|---|---|---|
| 大类 | 中类 | 小类 | | |
| | | 0949 | 户外运动器材及其他体育相关用品制造 | 指户外帐篷、运动眼镜等户外运动器材制造，体育项目用网（兜）制造，体育奖杯和纪念证章以及其他体育相关用品制造 |
| 10 | | | 体育用品及相关产品销售、出租与贸易代理 | |
| | 101 | | 体育及相关产品销售 | |
| | | 1011 | 体育用品及器材销售 | |
| | | 1012 | 运动服装销售 | 指运动及休闲服装批发、零售服务 |
| | | 1013 | 运动鞋帽销售 | 指运动鞋帽批发、零售服务 |
| | | 1014 | 运动饮料与运动营养品销售 | 指运动功能性饮料、运动营养食品批发、零售服务 |
| | | 1015 | 体育出版物销售 | 指体育图书、报纸、期刊、音像、电子和数字出版物的批发、进出口和销售服务 |
| | | 1016 | 体育游艺等其他体育用品及相关产品销售 | 指台球、飞镖、沙狐球、仿真运动模型以及游艺娱乐用品及其他体育文化用品批发和进出口服务，休闲运动车零售服务 |
| | | 1017 | 体育用品及相关产品综合销售 | 指百货、超市销售中的体育及相关产品零售服务 |
| | | 1018 | 体育用品及相关产品互联网销售 | 指体育用品、运动康复等器材、器具以及运动服装鞋帽的互联网批发和零售，体育电子商务服务 |
| | 102 | 1020 | 体育用品设备出租 | |

| 代　码 | | | 类别名称 | 说　明 |
|---|---|---|---|---|
| 大类 | 中类 | 小类 | | |
| | 103 | 1030 | 体育用品及相关产品贸易代理 | 指体育用品及相关产品贸易经纪与代理活动 |
| 11 | | | 体育场地设施建设 | |
| | 111 | | 体育场馆建筑和装饰装修 | |
| | | 1111 | 体育场馆及设施建筑 | 指体育馆工程服务、体育及休闲健身用房屋建设活动，以及城市自行车骑行和健身步道、跑步道工程建筑活动 |
| | | 1112 | 体育场馆装饰装修 | 指体育场馆建筑的装饰装修 |
| | 112 | | 体育场地设施工程施工和安装 | |
| | | 1121 | 足球场地设施工程施工 | 指足球场地设施工程施工 |
| | | 1122 | 冰雪场地设施工程施工 | 指冰雪场地设施工程施工 |
| | | 1123 | 其他体育场地设施工程施工 | 指除足球场、冰雪场之外的其他体育场地设施工程施工 |
| | | 1124 | 体育场地设施安装 | |

# 二、体育产业的结构

## （一）体育产业结构的概念

产业结构是产业经济学的研究对象，体育产业结构是产业结构的一个延伸，也属于产业经济研究的范畴。具体地说，体育产业结构就是体育相关各部门之间的经济联系和比例关系。所有的体育实物产品部门和体育服务部门之间，具有相互依赖和相互制约的关系。体育产业总产值的分布情况，包括体育资源在内的所有经济资源的配置情况也能够通过体育产业结构得到一定的体现。

在体育产业结构中，几乎所有的分支行业都存在密切的联系，且各个部门间的联系也很频繁，这在体育产业的各要素之间、结构之间、要素与结构之间的连锁和反馈效应中具有突出的反映。体育外围产业发展需要体育本体产业的带动，体育本体产业的发展也离不开体育外围产业的支持。因此，整个体育产业的繁荣发展，需要建立在一个健康、健全的产业生态上才能实现。任何一个环节的不足，都会对整体发展造成关键性的影响。因此，在研究和发展体育产业结构时，必须从全局着眼，对体育产业结构进行全盘解读，并且对每个构成要素和环节进行科学分析，合理判断。需要指出的是，对各要素与环节的研究需要从两个方面来进行，既要定性又要定量。在研究过程中，还要注意分析不同要素之间、不同结构之间、不同要素与结构之间的相关性。

## （二）体育产业的结构形态

### 1.体育产业的投资结构

在一定时期内，社会体育产业的总投资在各行业的分布就是所谓的体育产业投资结构。体育产业的投资结构具体又包括存量结构和增量投资结构两类，存量结构是增量投资结构的凝固状态。在对体育产业结构进行研究的过程中，必然会涉及对投资结构这一关键形态的研究，对投资结构的调整是调整体育产业结构的主要入手点。对投资结构中两种结构类型的调整又会对体育产业的整体结构优化产生不同的影响。

一方面，对存量结构进行调整是优化体育产业结构的基本内容，具体是指将体育产业内部低效率行业的存量降低，并促进低效率行业向高效率行业流动和重组的实现。

另一方面，对增量投资结构进行调整，就会对未来一定时期内体育产业的生产和消费关系、地区分布状况、内部各行业之间此消彼长的关系等情况产生影响，甚至是决定性的影响。

2.体育产业的产值结构

体育产业产值结构可分为内部结构和外部结构两个方面。体育产业的内部结构决定着体育产业内各个行业的相对地位、产业效率和产值贡献等情况。而体育产业产值的外部结构，体现着体育产业的发展程度。在进行体育产业投资时，必须从两个方面着手进行研究。

（1）体育产业产值的外部结构

当前社会背景下，由于人们对高品质生活的追求，以及在彰显个性与自我的价值观导向下，体育产业的发展也迎来了新的机遇。体育运动与主张健康、自然的生活方式密切相关，越来越多的时尚人士、成功人士把体育消费提上日程。特别是一些高净值人群，他们每年花费在体育休闲、观看体育竞赛、聘请高级私人教练等方面的费用相当可观。人们的需求层次与体育产业产值的发展成正比。近些年来，体育产值在第三产业中的GDP占比呈逐年增高趋势，这是体育产业产值的外部结构的体现。

（2）体育产业产值的内部结构

体育产业总产值在内部各分支行业中的分配比例就是体育产业产值的内部结构。对体育产业内部结构的协调性进行衡量时，体育产业产值的内部结构是需要重点参考的一个指标。一个国家或地区体育产业的特色能够通过本国或本地区体育产业产值的内部结构反映出来。

整个体育产业的发展情况，是由体育产业的本体为主导、外围产业为辅助，形成彼此联结、相互促进的关系。作为一个有机整体，只有体育产业的内部结构完善合理，那么整个体育产业必然会发展出强劲的生命力，创造出可观的社会价值。具体来说，只要体育产业的本体足够成熟，外围足够发达，那么就必然会取得较好的社会效益。比如，当体育赛事和竞技表演等获得足够的市场认可，那么也会带动健身娱乐业的发展，进而激活体育运动服装、体育器材的需求量，从而令体育用品业逐步发展起来。同样的，随着全民健身的推进，体育运动在普通民众的生活中占有了一定的位置，那么就会从体育下游产业向中游和上游产业来推动体育产业产值的提升，从而提升了整个体育产业的产值水平。

总之，体育活动能够对社会经济产生巨大的影响，这不仅是通过体育本体产业的发展实现的，而且需要体育相关产业、外围产业的协作，形成矩阵效应，从而促进产生更多的经济价值。因此，在优化体育产业产值结构的过程中，要协调好不同类型产业的产值份额。

### 3.体育产业的需求结构

体育市场中不同类型的需求构成状况就是体育产业的需求结构。从市场需求的角度入手，是分析体育产业的重要途径。体育市场中的需求有不同的维度和层次，可以从不同标准进行不同类型的划分。比如，国内需求和国外需求、中间需求和最终需求等，共同构成了体育产业的需求结构，具体阐述如下。

（1）国内需求和国外需求

从体育市场形成的地域角度来看，可以划分为国内需求和国外需求，且国内需求和国外需求又具有交叉的部分。尽管当今的体育产业要做大做强，普遍需要朝着全球化的方向发展，然而体育产业的国内需求同样不容忽视。如果说突破国界是一种横向发展，那么以深度挖掘和满足国内需要则属于纵向发展。体育产业的国际化发展趋势从世界杯、NBA、奥运会等大型体育赛事中就可以体现出来。而具有浓重民族特色的体育产业，产值则主要以满足国内需要为主。

（2）中间需求和最终需求

①中间需求

将体育产品（实物或服务）作为中间投入而形成的投资需求就是体育产业的中间需求，或者也可以称为"生产消费需求"。例如，健身俱乐部购买体育器材就是体育中间需求。

②最终需求

体育最终需求是指体育产品在消费过程中的最终消耗，或者称为"生活消费需求"。例如，体育运动爱好者在业余时间缴纳学费学习冲浪、潜水、拳击等具有一定技术难度的运动项目，或者向专项健身俱乐部缴纳会员费得以参加俱乐部的活动等，都属于体育的最终需求。

### 4.体育产业的就业结构

在研究一个产业时，还需要了解它的就业结构，从而对该产业的发展特点、发展势头以及所处的发展阶段有一个大体的概念。因为在各产业间，全体就业者的分布状态即所谓的产业就业结构。体育产业的就业结构一般可分为外部就业结构和内部就业结构。体育产业吸纳的就业人数在总就业量中所占的比重就是体育产业外部就业结构，体育产业各行业吸纳就业的结构比例就是体育产业内部就业结构。

一个产业的就业结构，可以从一个侧面反映出该产业聚集的资源情况，尤其是人力资源，如果有许多高质量人才积极涌入，那么意味着该产业发展前景光明，具备较大的发展空间。总之，体育产业结构的发展趋势和内部调整会受到人才资源流向和结构变化的巨大影响。

## （三）体育产业结构的特征

### 1.整体性

体育产业结构具有整体性特点，整体性也是大多数产业的基本属性。作为一个集合体，组成体育产业的因素有两部分，一部分为社会公众提供体育产品和体育服务，另一部分是居于公众视野之外，但是又对这些活动提供了强有力的支持的经营管理活动。它们彼此之间密切相关，相互影响也相互依存，所形成的整体效应远大于各个部分的功能总和。因此说，整体性是体育产业结构的一个基本特征。

### 2.自发性

产业结构的发展与优化需要对其系统结构的整体性加以维护，同时进行有效的转换生成，这需要体育产业通过自我调节来实现，这就是体育产业的自发性特征。

体育产业结构的自我调节性是指通过体育产业经济系统的内部机制就可以对体育产业结构进行自发建造，并促进体育产业结构升级的实现。实际上，体育产业经济系统中的每个子系统都在不断进行着自我组织与调整，好像有"无形的手"在对这些子系统进行操纵；另一方面，之所以会产生"无形的手"，主要是因为不同子系统间存在协同与竞争作用。

### 3.转换性

要理解体育产业结构的转换性特征，需要先明确一个前提，即体育产业结构的构成是系统在其自身规律的控制下，经过不断的加工和整理，从而体现出新的结构特征，即通过新的资源配置产生新的功能或价值。在一定的资源条件下，通过产业结构的有效运转，从外界不断引进物质、能量、信息，然后再不断地对各种体育产品进行创新和生产，以此来满足不同社会群体对体育的多元化需求。

### 4.层次性

一个完整的产业必然包含多个子系统，具有不同的分支结构，从整体形态上看具有层次性的特点，体育产业也不例外。体育产业的系统中大系统包含小系统，小系统又包含更小的系统，体育产业结构的层级体系由此形成。

不同层级的结构在整个系统中拥有不同的地位和作用，但不同层级的结构并不是孤立的，彼此之间存在着非常密切的联系。在多种因素的共同作用下才形成了体育产业结构，而且很多因素都对体育产业结构的形成造成了制约。所以，在体育产业的不同发展阶段会出现不同层次的产业结构。通过分析体育产业结构的层次，可以对体育产业结构系统的特征进行不同角度的揭示，这对于我们对体育产业结构的发展现状和方向趋势进行深入的研究与理解具有非常重要的意义。体育产业结构的层次性能够将体育产业结构的优化状况反映出来，这主要从对体育产业结构的属性和素质的分析来实现。

## （四）体育产业结构的演进

### 1.体育产业结构演进的机制

体育产业结构演进的机制可以分为自组织机制和他组织机制两种形式，具体分析如下。

（1）自组织机制

体育产业结构的演进是一个动态过程，即在技术进步和制度创新等的影响下，体育产业结构由低级转向高级、内部各组成要素协调性和适应性不断增强的动态过程，这个过程庞大且复杂。下面从四个方面来探讨体育产业结构演进的自组织机制。

①前提条件：开放性

作为宏观经济的一个重要组成部分，体育产业是一个大型的复杂的系统，其结构由八类多层级组成，各组成部分相互影响、相互依赖、相互促进、相互制约，形成了一定的关联效应。其中任何一个部门的发展都会受到其他部门的影响，而且其自身的发展也会对其他部门产生影响。体育产业内部各组成部门之间的技术经济联系是经常性的，产业结构间的关联正是在经济联系的基础上形成的，实质上各部门之间的关联就是体育产业结构的自组织。

将各类体育产品和服务提供到产品市场上，促进不同群体多元化体育需求的满足，这就是体育生产的最终目的。体育生产的实现离不开对各种生产要素的依赖，而这些生产要素一定要在生产要素市场上购买。同时，体育生产过程中，还需要从外界环境中获取信息，从而使生产的盲目性得到有效避免，并促进体育生产的持续进行。从事体育生产活动，必须具备一定的物质资源与信息，这是体育产业结构实现自组织演进的基本条件，而资源与信息主要是由体育产业系统从环境中获取。

②直接诱因：远离平衡态

体育产业系统具有不平衡性，这主要从体育产业内部各要素之间的差别中突出反映出来。体育产业各内部构成要素之间存在着各种各样的差别，主要表现在各要素的收益率、增长速度、需求扩张和地位作用等方面。体育产业系统中的子产业的发展也存在不平衡性，相对于体育用品业的发展而言，体育产业的核心产业发展较为滞后，体育竞赛表演业、体育健身娱乐业的发展速度较慢，而整体上健身娱乐业的发展要优于体育竞赛表演业的发展。科学技术的进步使得大量的先进生产工具被创造出来，落后的生产工具逐步被先进的生产工具代替，技术进步也促进了新兴体育产品的大量涌现，原有产业或部门因此被新兴产业或部门所代替，新的产业结构在此基础上逐步形成。总的来说，体育产业各要素间是非平衡的、有差异的，这也是体育产业发展的一个常态。

③内在依据：非线性作用

对一个体系是不是非线性进行判断，就要看这个体系的组成部分是否在数量、性质上相互独立，且存在一定的区别。另外，从数量上而言，体系的组成要素中，独立要素不能少于三个。

体育产业是一个多层级的大型体系，这个体系中各组成要素间的相互作用机制是非线性的，各要素间外在的商品交换关系是其非线性的主要表现，而各要素之间的技术联系是其存在非线性作用的内在原因。具体来说，技术因素通过发挥以下功能来促进体育产业形成非线性作用。

第一，技术发展带来了高水平的生产力，因而对社会分工的发展具有积极的推动作用，进而促使新的产业分工得以形成。

第二，技术发展促进了劳动生产力的提高，劳动生产力的提高直接影响了劳动力的转移，产业结构也就因此而出现了相应的变动。

第三，技术的发展对需求的增长具有一定的刺激作用，因而影响了需求结构的变化，产业结构受需求结构变化的影响，必然会发生相应变动。

第四，技术的发展促进了夕阳产业的淘汰、原有产业的改造和新兴产业的产生，因而使生产结构得到了优化。

第五，技术的发展与进步促进了国家国际竞争力的增强，因而推动了对外贸易的发展，影响了产业结构的变化。

在体育产业结构不断演进的过程中，其之所以能够形成有序结构，产生复杂性，主要的内在原因就是非线性作用。体育产业内部各要素之间的相互作用即非线性作用是产业结构自组织演化的终极动力。

④触发器：涨落

体育产业结构在一段时间里具有相对的稳定性，其内部各要素之间的关系也相对较为稳定。但是，从局部视角来分析，体育产业内部的波动是经常性的。例如，在体育产业内部各部门间，劳动力、资金等要素不断流动，因而使体育产业的产值不断出现波动。如果体育产业产值的涨落只是产业内部的一种起伏变化，且不会对体育产业结构的稳定构成影响时，我们将这种涨落称为体育产业结构演变过程的微涨落。

纵观体育产业结构的演变过程可知，微涨落不会打破原有的产业结构。但是，有些涨落在一定条件下也会使原有的产业结构发生改变，我们将对产业结构造成影响的涨落称为体育产业结构演化过程中的巨涨落。微涨落在系统失稳的临界点上被放大就会形成巨涨落，体育产业系统高度不稳定主要就是受这种涨落的影响。当出现巨涨落时，之前的产业结构模式必然会产生变化，新的结构就会相应出现。我们可以用图1-3来表示体育产业结构演变的涨落机制。

只有体育产业结构原有的稳定性消失，并建立了新的有序结构，才算是实现了一次体育产业结构的演进。涨落在体育产业结构演进的临界点上发挥着重要的触发作用，新的体育产业结构的形成离不开涨落的触发作用。

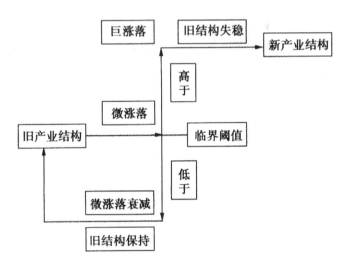

图1-3 体育产业结构演变的涨落机制[1]

（2）他组织机制

体育产业结构的演进是一个控制的过程，不管是从自组织的角度分析，还是从他组织的角度分析，都是如此。他组织角度下的控制过程，具体是指国家为实现国民经济发展的整体目标，对体育产业结构进行及时、有效的协调，并以科学的措施来对产业结构进行积极调整，从而实现结构和组织优化的增长控制。在体育产业结构的演进过程中，其既受内部因素的干扰，又受外界的干预，而政府的宏观调控就是外界干预的主要体现。只有通过政府的宏观调控，才能在实践中实现体育产业结构演进的他组织机制。

---

① 刘远祥.体育产业结构优化研究[M].济南：山东大学出版社，2015.

体育产业结构在政府宏观调控下的他组织演进指的是，在体育产业结构的演进过程中，作为宏观经济主体的政府发挥主导作用，以国家经济发展的现状为依据，通过运用宏观经济手段、产业政策等来对体育产业各内部之间资源的有效配置进行干预和引导，从而对体育产业结构进行及时的调整与优化。

体育产业结构的演进过程中，政府发挥宏观调控的功能主要表现在以下几方面：

首先，政府为促进国家经济和体育产业的发展，对体育产业发展的目标、重点、规模等进行科学制定，对体育产业结构演进的趋势进行总体把握。

其次，政府通过对经济手段（税收、财政、补贴等）和产业政策的运用，对重点产业进行扶植与保护，对产业间的发展差距进行抑制，同时政府为了保证政策的有效实施，还采用了如行政命令、法律法规等强制手段，从而对体育产业的发展进行正确的引导，使其以国家总体经济目标为出发点来优化与升级体育产业结构。

再次，政府通过对产业政策的推行和运用，促进了现代竞争的微观基础的逐步形成，这一微观基础与我国市场经济体制相符，可以对市场供需关系产生良好的协调作用，为发展体育产业营造优良的市场氛围，从而使体育产业结构以市场为导向逐步优化。

最后，在公共建设及公共组织方面，政府发挥其功能，为发展体育产业创造健康的社会环境，从而促进体育产业结构的优化升级与体育产业发展目标的顺利实现。


2.体育产业结构演进的趋势

体育产业结构的演进趋势主要表现在以下几方面。

（1）软化

体育产业结构随着经济的不断发展逐渐表现出软化的发展方向。在体育产业发展的早期，其提供的体育产品以实物为主，很少提供服务类产品，体育服务产品与体育实物产品之比较低。随着经济的飞速发展和收入的增加，人们有了越来越多的闲暇时间，因此开始对高质量的生活展开了追求，体现出了更高层次的需求，在这一条件下，体育产业的发展势头良好。西方发达国家从20世纪60~70年代开始，体育产业的发展水平就有了很大的提高。在这一阶段，体育健身娱乐业、竞赛表演业等本体产业的发展速度较快，由此衍生了大量的体育相关产业并取得了一定程度的发展成果。此时，整个体育产业中，体育服务业的地位开始提升，体育用品业的地位相应受到了打击。近年来在体育产业的发展过程中，体育服务业的增加值占据了越来越大的比重。

（2）高度化

体育产业结构演进的另一个明显趋势就是高度化。引领体育产业结构走向高度化的一个重要力量就是高新技术产业。21世纪，知识经济与知识产业蓬勃发展，知识密集型产业、技术密集型产业的发展速度迅速加快，相比而言，劳动密集型产业的发展受到了重创。批量生产逐步被柔性生产取代，体育产业结构的优化与升级离不开科技的进步，核心技术的创新为体育产业结构的高度化发展提供了动力。

（3）合理化

近年来，体育产业结构在演进中逐渐呈现出了合理化的趋势。在资源既定的条件下，资源在体育产业内部构成之间的配置逐渐平衡且不断优化，促进了各内部的协调发展，从而使体育产业在整体上取得了良好的结构效益和经济效益。体育产业结构演进的合理化具体从以下三方面表现出来：

首先，从动态看，体育产业各内部可以以需求结构变动为依据来对资源配置进行合理调整。

其次，从静态看，体育产业各内部之间实现了资源的合理配置，而且各内部所占的资源在比例上相对合理。

最后，从效果看，各类体育产品的总供给与总需求之间处于动态平衡的状态。

（4）高效化

体育产业结构的高效化，不仅要求体育产业整体上具有良好的经济效益，还要求产业各内部拥有较高的经济效益。各区域、体育产业各内部都可以对各种资源进行有效利用，尽可能地促进成本最小化、利润和社会效益最大化目标的实现，这样才能实现体育产业结构的高效化。体育产业作为一个有机的整体，其良好的经济效益能够促进结构效益的提高，但体育产业的整体经济效益并不是这个有机整体内部各构成部分的经济效益的简单相加。

（5）区域结构协调化

如果不同地区的体育产业结构都可以达到高效化、高度化及合理化的效果，那么区域体育产业结构将更加趋于协调化。现阶段，我国不同地区都对本地的资源禀赋进行了有效的整合，努力促进本区资源优势的充分发挥，并在此基础上兼顾全国体育产业结构优化对地区产业结构的要求，从而促进体育产业结构空间布局科学化、合理化的逐步实现。

## （五）不同国家体育产业结构的差异

体育产业最初起源于英国，后来在西欧和北美得到进一步的发展。由于和社会的经济文化水平息息相关，体育产业的发展速度在不同的国家表现出迥然的差异。具体来说，体育产业发展的国别性差异主要通过以下方面体现出来。

1.与国家的经济发展紧密相关

处于不同经济发展阶段的国家，其体育产业结构体现出的差异也较为明显。比如其产业结构是否完整、产业发展水平是否成熟等。在发达国家，体育产业结构都明显具有较高的水平，其体育产业产值占本国GDP的1%～3%。而在非洲、亚洲和拉丁美洲的发展中国家，体育产业发展水平参差不齐，在一些落后国家，甚至还谈不上具备体育产业，即使得到国家的重视，其体育产业结构也表现出不够完整、产值较低和发展动力不足等特点。

2.相同经济水平的体育产业结构差异

然而，在一些经济发展处于相同水平的国家，在体育产业结构方面也存在着显著差异。比如，美国、英国、瑞士、日本等发达国家，他们在体育产业结构方面呈现出各自的特点。美国的体育产业非常成熟，而且十分均衡，各子产业的发展水平也都较高，有一些甚至长期处于世界领先水平，如健身娱乐业、体育用品业、竞赛表演业等，其中冰球、橄榄球、篮球、棒球尤其突出，它们每年的总产值达到全国竞赛表演业总产值的70%以上。而英国和意大利则主要以竞赛表演业为主导产业。日本的体育产业结构以体育用品业为主，韩国以健身娱乐业主导着体育产业的发展，瑞士则主打体育旅游业。由此可见，同样是发达国家，在发展体育产业时也各具特色，分别立足自身的特点和优势继续发展，共同丰富着世界体育产业的格局。

3.各国体育产业结构性差异的缘由

经过总结，可以归纳出以下几个因素。

（1）经济和技术水平

经济和技术水平决定了一个国家各个方面的发展，其中体育产业的发展自然也受到影响。每个国家的经济和技术水平往往是各产业发展的最大驱动力之一。通常来说，一个国家的经济发展程度越高，技术越发达，体育产业的发展也就越好，体育产业结构也就越完整。经济技术的发展会刺激一个国家大众体育服务消费的增加，从而会促进本国体育用品生产等行业的迅速发展。哪方面的体育需求越多，哪类体育产业的发展也就越迅猛，而且此类产业也很可能成为该国体育产业中的主导产业。

（2）政府因素

在体育产业的发展过程中，政府参与模式逐渐形成，并主要存在于后发市场经济国家中。政府先制定本国体育产业的发展目标，然后通过运用多种方法来对体育市场主体的组建和运作进行引导、调控和规范。源发市场经济国家和后发市场经济国家的体育产业发展存在一些差异，这主要从体育消费规模、体育企业的规范化运作程度、体育市场体系的完善性等方面体现出来。

在体育产业发展过程中，后发市场经济国家不强调"大而全"，而是以本国体育市场的发展状况及体育消费现实为依据来确立发展重点，为发展本国体育产业而实施有计划、有步骤的方案。例如，法国和韩国重视发展健身娱乐业，在政府的支持与推动下，健身娱乐业快速发展，并成为本国的主导产业。日本体育用品业的发展要优于其他体育产业的发展。现阶段，日本的体育用品市场规模在世界上排名第二，仅次于美国。

（3）文化因素

在世界各国的发展历史中，民族文化、民族体育在各国逐步形成，而且不同国家都各具特色。各国经过长期发展而形成的民族文化习俗、体育传统会深刻地影响本国体育市场的形成和体育产业的发展，而且对竞技体育表演业的影响更明显。例如，美国的橄榄球、棒球、篮球和冰球拥有广泛的群众基础和良好的发展前景，因此带动了本国相关体育产业的发展。英国、意大利形成了优秀的足球传统和足球文化，这两个国家中几乎每个国民都是球迷，这就引爆了球市的火热，这两个国家的竞技体育表演业中，足球占据重要的地位。我国最具特色的传统体育运动项目当属武术运动，传统武术的发展带动了我国相关体育产业的发展。

（4）资源条件

每个国家都有本国独有的自然资源条件，如山川、河流、气候、人口等，各国在进行产业规划时，都会充分利用自身的优势资源，在此基础上促进优势产业和特色产业的发展。体育产业的发展同样也是如此。例如，瑞士的体育产业中，体育旅游业居主导地位，这主要就是因为瑞士的旅游资源丰富，在对优势资源加以充分利用的基础上促进了高山滑雪、徒步旅行等体育旅游项目的发展。当前，在瑞士从事体育旅游业的人员占本国所有从业人员的1/10，高达25万人。

（5）居民思想观念和运动习惯因素

思想是行动的向导，不同的思想观念会使行为主体产生不同的行为结果。一个国家居民的思维方式、思想观念等对该国经济的发展和产业的形成具有重要影响。思想解放、思维活跃、观念更新是一个国家产业结构优化和社会经济发展的先导和前提。由于不同国家居民的思想观念尤其是思想消费观念存在差异，从而对各国体育产业结构的特征产生了一定的影响。例如，相对来说，我国居民思想比较保守、求稳，因此体育产业结构中传统体育产业占据重要地位。而西方国家居民思想开放，喜欢冒险，因此体育产业结构中新兴产业占据重要地位。

此外，居民的运动方式和习惯也对一个国家的体育产业结构有一定的影响。随着社会生活日新月异的变化，人们的生活方式逐渐向休闲生活转变，而运动休闲就是其中一个重要表现。但是在不同的文化背景、自然环境等因素的影响下，不同国家的人选择的运动休闲方式也有差异，因而形成了不同的运动习惯。相对而言，西方人热衷于冒险、野外生存性的休闲活动，东方

人则更青睐安静型的、修身养性的活动，不同的休闲运动习惯对东西方国家
体育产业结构产生了影响，西方国家在体育产业发展中大力开发刺激性、冒
险性的产品和服务项目，而我国近年来重点开发康养体育产业，以满足人民
群众的休闲需求。

# 第四节　区域体育产业概述

## 一、区域的内涵

　　区域作为一个科学的概念并不是首先产生于经济科学，而是源于以人地
关系的区域差异为研究对象的地理科学。随着社会经济的发展，区域经济配
置日益成为各国政府促进资源配置的重要任务之一，经济科学对区域经济研
究的兴趣日益浓厚，经济学中的区域概念来源于两个方面：一是地理科学
的区域概念，一是法国著名经济学家弗朗索瓦·佩鲁（Frmlcois Perroux）的
经济空间理论，即定义为"区域是在经济结构关系或经济空间的地域分界
过程，主要是生产地域分工过程中形成的一个具有地方化特点的地域经济
综合体或地域生产综合体"。[①]根据不同的区域原则，一般可划分出以下三种
区域：
　　（1）均质区域：是根据地域形态的一致性和差异性进行区分。
　　（2）极化区域：是根据地域功能的一致性或系统性进行区分。

---

① 惠棠，贺晓东，杨开忠.经济结构的理论、应用与政策[M].北京：中国社会科学出版
　　社，1991.

（3）计划区域：是根据地域的行政隶属关系进行区分。[①]

不论对区域的划分方法如何，划分区域的深层目的是能够系统地阐明一个国家的生产地域分工体系，在明确的分工协作下，可以动态调整和管理各个区域所占的比例，以及区域之间的关联，为整体把握创造出更为精准的抓手。

区域的范围可大可小，这要根据其任务功能或者管理和研究的目的而定。比如，区域可以大到跨越国界的经济区域，如欧盟、亚太经协组织等；也可以是一个国家内部的划分，或者是一个省内的划分，甚至市内的划分等等。

需要区别的是区域和地区的异同。地区也称为"政区"，主要是指同一最高行政、司法、关税管辖范围内，具有相对独立的经济整体利益和整体效应的经济区，是一种行政区划，属于国家为了方便经济管理而设置的行政层次。

而区域经济和地区经济的差异在于，区域经济是以地理共同性、资源或经济结构的相似性组成的经济关系，区内生产要素和企业群体以分工、交换、协作方式相互联系，其基本特征是：市场经济色彩比较浓厚，区域边界比较模糊，经济功能主要通过经济规律配置资源和调节经济运行。

地区经济有政府的经济，区内生产要素与企业较大程度上受到地区政府的影响甚至决定，其基本特征是行政色彩浓厚，区域边界比较清楚，经济功能受地方政府政策影响较大。


## 二、区域体育产业的内涵


### （一）区域体育产业的概念与本质

区域体育产业是指在一定的区域范围内，遵循比较利益原则，开发具有

---

① I.R.布代维尔.区域经济规则问题[M].爱丁堡：爱丁堡大学出版社，1991.

区域体育自身价值功能的经济活动的企业集合或系统。简单的体育企业聚集并不必然形成区域体育产业。集群内的企业必然要求有紧密的分工合作，这些分工合作再加上网络成员间的激烈竞争共同促进了集群知识库的成长，从而提升了区域体育产业的竞争力。创新是区域体育产业表现出来的功能，功能是由结构决定的。认识区域体育产业的本质应该从产业集群的结构切入，因此认为区域体育产业是一个多维度（产业、区域和企业）的复合体。

## （二）区域体育产业的属性

### 1.空间集聚性

空间集聚性是区域体育产业在空间上的特征。许多联系密切的体育行业、部门及机构集聚在同一个地理区域范围内，共同为相似的消费者提供服务。这些行业、部门之间既有横向的联系，也有纵向的联系，而体育资源是其建立联系的核心要素。

### 2.功能互补性

一个区域的成员联结在一起后，会产生巨大的力量，这一力量要远远大于各成员的力量之和。区域内每个成员之间都紧密联系，互相依赖，如不同成员提供的体育产品或服务在满足顾客需求方面相互补充，企业之间的相互协调能够使区域体育集体生产力不断提高与完善。

### 3.经济外部性

在经济方面存在密切联系的体育企业及其支持系统在空间上集聚在一起，从而形成区域经济。各种相关的经济活动集中在一起必然会带来良好的效益，这也是集群经济得以形成的根源。区域内的体育企业所独享的范围经济、规模经济和外部经济是区域体育经济的主要表现形式。

## （三）区域体育产业产生的动因

### 1.区域人口与劳动力资源

一个区域人口的数量、密度、增长速度、结构与整体素质等方面的特征在很大程度上决定了该区域体育产业的发展水平。一个地区优秀运动人才数量的多少在很大程度上将决定该地区竞技体育观赏服务产品的类型、生产水平和数量。一个地区的人口结构与整体素质是决定该地区体育消费市场有效需求的重要因素。因此，只要一个地区在人口与劳动力资源条件从数量、质量的特征等方面得到良好的改善，就必将促进区域体育产业增长与发展。

### 2.技术的进步

技术进步对区域体育产业也有重要贡献。技术进步使相同的生产要素投入量获得更多的产出。科学技术的进步是全人类的共同财产。通过技术贸易、技术引进或技术援助等方式，就能促使科技要素的互补性区际流动，使各地区都能不同程度地分享人类科技进步成果，促进区域体育的产生和发展。

### 3.区域体育产品生产规模

区域体育产业形成与发展的过程实际上是有关体育产品生产的自然条件、资源、劳动力、资本和技术等要素的投入和组合的动态过程。这些要素互相联系和互相制约。区域体育产业的发展必须靠各种生产要素的共同作用。体育产品生产要素在区域内优化组合，就可增加生产规模。

# 第二章 区域体育产业一体化发展的理论与价值

　　区域体育产业一体化是目前我国体育发展的重要表现，这是一个较为复杂的问题，其中既包括体育、地域的问题，还包括经济、商业的问题。本章将从增长极理论、区域经济一体化理论、增长极理论在区域体育产业发展中的价值以及区域体育产业发展与区域经济增长的关系展开研究。

# 第一节　增长极理论

　　增长极理论最早是由法国经济学家佩鲁于1950年首次提出。该理论认为，经济要素是在非均衡条件下发生作用的，不同群体或地区按照不同的速度不均衡地增长。[①]

## 一、增长极理论的产生背景

　　增长极理论的首创者是法国经济学家佩鲁。佩鲁在1961年发表的论文《区域推进型企业和推进型区域》中，首次明确界定了增长极的概念。他认为，某些计划空间中的推进型产业或有创新能力的企业，在一些地区或城市集聚或优先发展，从而形成类似于磁极的中心，即增长极。这种资本与技术高度集中的增长极，不仅具有规模经济效益、自身增长迅速，还能充分发挥其吸引和扩散作用以带动和推进相邻地区的共同发展。[②]

　　进一步阐释佩鲁的增长极理论得出，经济的发展，在空间上呈现出在某些极点上获得突出的增长，且不同的极点具有不同的强度，自然表现为不同的增长速度和不同的增长方式，然后这些极点再以不同的程度向外扩散，使整个经济产生不同程度的影响力。也就是说，区域经济的发展要依靠少数具有一定优势的地区和产业部门的带动，即先集中优势资源，重点发展，然后再通过关联效应带动其他方面的全面发展。这一理论将抽象的经济发展规律进行了非常形象的提炼，让人们对经济发展有了一个清晰的认识。然而，佩

---

① （法）弗朗索瓦·佩鲁.略论增长极概念[J].经济学译丛，1988(9).

② G Krishnan-Kutty. Thoughts of Francois Perroux and Raul Prebisch on Development of Third World Countries[J]. Northem Book Centre, 1999.

鲁的增长极理论也并非完美，它还有两个缺陷。一方面，他将发展建立在抽象的经济空间基础上，缺乏可操作性。另一方面，该理论过分地强调了增长极的正面效应，并没有提及其负面效应将会产生怎样的影响。这使得增长极理论不够严谨，对可能出现的负面效应没有合理的预估和测算，在用于实践的过程中应引起足够的重视。

20世纪60年代中期，佩鲁的学生、经济学家布代维尔（Jacques Raoul Boudeville）拓展了佩鲁的增长极理论，认为经济空间不仅包含一定的地理范围的经济变量之间的结构关系，同时还包含了经济现象的区位关系，强调增长极的空间特征及区域经济增长极出现的条件。布代维尔把抽象的"经济空间"改为一般意义上的"地理空间"，尽管这一推进增强了理论的可操作性，但是它又显得过于具体化和地理化，过于偏重城市与外围这一特殊区位，损失了经济空间原有的抽象性和普遍性。并且，理论只是强调了区域增长极对其他地区的正面带动效应，同样也忽略了对其他地区的负面影响。

## 二、增长极理论的思想基础——区位理论

增长极理论的提出并非凭空产生，而是在区位理论的思想基础上发展起来的。廖什认为，区域的市场规模总是分为供给和需求两部分，在总需求规模一定的情况下，拥有较大的需求规模的区位必然会产生对产业配置更强有力的吸引力。他在《经济的空间秩序》中试图把生产区位论和市场区位相结合，从而推动了古典区位论向现代区域经济学的转化。

### （一）区位理论的概念

区位理论的提出是基于一个朴素的客观事实。人类无论开展何种活动，都要在一定的空间环境进行，这一空间需要具备一定的基础与条件。经济活动作为推动人类发展的重要部分，在其发展的过程中，同样需要建立在这样的基础条件之上。经济主体行为的空间选择、经济活动的空间优化组合等是

区位理论研究的主要问题。区位理论中一些具有代表性的理论知识能够很好地指导区域体育产业的布局，如城镇空间的分布（城市区位论）、农业产业布局（农业区位论）、费用最低原则（工业区位理论）等。

## （二）区位理论的应用

在现实实践中，经济主体行为的空间选择是区位理论中比较重要的内容之一。一般而言，影响区位主体选择的主要有四方面的因素，它们分别是自然条件、成本、收入和非经济因素。因此，在实践中要尤其注意考虑这几方面的因素。

# 三、增长极理论的演进

增长极理论一经提出，便焕发着强盛的生命力，经过多位学者和经济学家的发展完善。瑞典经济学家缪尔达尔（Gunnar Myrdal）是增长极理论的重要推动者，他的相关论著丰富和发展了增长极理论。他在1957 年出版的《经济理论和不发达地区》（Economic Theory and Underdeveloped Regions）及《亚洲的戏剧：各国贫困问题考察》（Asian Drama：An Inquiry into the Poverty of Nations，1968）等著作中使用回波和扩散的概念，说明经济发展极对其他地区的作用和影响，并指出经济发展的过程，呈现出一定的规律，体现在空间上可描述为非同时和不均匀扩散两个特点。

下面简单分析增长极理论演进的扩散效应、极化效应和倒U型理论。

## （一）扩散效应

扩散效应（Diffusion Effect）是指一国（或一地）某一地区由于某种经济、技术或政策原因而兴建了大量企业，逐步发展为一个经济中心。当这一经济中心具有了一定的能量之后，又会向周边其他地区扩散和辐射，从而使一个经济中心发展成为一个经济地带、一片区域，形成更大的势能，再去带动更大的范围，从而形成一个上升的扩散过程。

## （二）极化效应

著名发展经济学家赫希曼（Albert Otto Hirschman）在产业经济学理论意义上的阐释进一步深化了增长极理论的意义，认识到了增长极可以对周围地区产生极化效应（Polarized Effect），即处于高梯度的发达地区，不断积累有利因素，使生产进一步集中，加速经济与社会发展，加速两极分化。极化效应使发达地区与欠发达地区之间的差距拉大。

极化效应的对偶效应是扩展效应。极化效应就是指增长极的发展会吸引和拉动周围地区的经济资源和经济活动趋向增长极，从而使增长极自身实力不断加强。扩散效应是指增长极自身成长后又向周围地区提供各项经济服务，输出经济资源和金融活动，刺激周围地区的经济发展。极化效应、扩展效应共同制约着地区生产分布的集中与分散状况。极化效应的作用结果会使生产进一步向条件好的高梯度地区集中；扩散效应会促使生产向其周围的低梯度地区扩散。在区域经济发展过程中，经济不发达地区可能从中获得的发展机会归根到底取决于"极化效应""扩展效应"在该地区综合作用的大小。一般认为，在经济发展初期，区域间的极化效应远远大于扩展效应，而随着时间的推移，极化效应趋于下降，扩展效应则迅速增强。

## （三）倒U型理论

美国学者威廉姆森（Williamson J G）在库兹涅茨（Simon SmithKuznets）的"库兹涅茨曲线"（Kuznets Curve）的基础上，在《区域不平等和国家发展进程：一个描述模型》（Regional Inequalities and the Process of National Development：A Description of the Pattern）中，以24个国家在1940—1961年间的区域收入差异的变化，作为统计分析的样本，并提出经济增长和区域均衡增长之间存在着"倒U型理论"的假说。

简单地说，该理论强调在国家经济发展的初期，随着经济体的不断增长，从区域差异逐渐拉大，到差异逐渐稳定，然而随着经济增长逐步进入成熟阶段之后，区域之间的差异将随着总体经济的增长反而呈逐渐下降的趋势，即一个完整的"倒U型"。这一变化过程具有明显的规律性，区域经济发展差距并非稳定的发展，而是呈现从出现、扩大到缩小的生命周期特征。

威廉姆森"倒U型"模型超越了缪尔达尔相互静止的均衡论，从区域整体发展的角度较长期地考察不均衡发展问题，揭示了区域经济发展差异变化的共性和长期发展趋同的态势，为区域经济发展提供理论指导。

# 第二节　区域经济一体化理论

区域经济理论研究的是生产资源在一定空间优化配置和组合的条件下获得最大产出的学说。生产资源永远是有限的，但通过优化组合，有限的资源也可以获得更多的产出，重点在于如何组合和优化。这就涉及不同的理论，主张不同的资源配置方式，形成了不同的理论流派。

为什么会产生区域经济？埃德加·胡佛在构筑区域经济学理论体系的过程中，提出了区域经济的产生与生产要素的不完全流动性有关、人类的经济活动总要落脚在具体的地域和空间上，因此，研究所有的经济活动必须重视其所处的地域空间的特点，而每一个地域的自然条件都是千差万别的。比如，一些地方的自然条件为人类生活生产提高了丰沛的资源，而另一些地方则资源单一甚至贫乏，人类必须适应环境，在有限的资源条件下寻求生存机会；也有一些地方适合农业生产，基本上可以自给自足，而另一些地方则矿业资源富饶，但缺乏基本的生活物资。因此，这就形成了区域差异和区域优势。

人类赖以生存的生产要素包含自然资源和社会经济资源。自然资源包括土地、森林、矿山、草原、水资源等；社会经济资源最主要的是人力资源、资本和技术。然而，无论是自然资源还是社会经济资源，都是不能随意移动的，或者像人力资源尽管可以迁移，但是需要花费较高的流动资本。因此，在区位效应的作用下，这些生产要素会向一些地区聚集，形成区域优势，并不断加强。另外，需要注意的是，相对于人类对自然资源的需求而言，无论是自然资源还是社会经济资源都是有限的。

生产要素分布的不均衡性和生产要素的不完全流动性，使得人类的经济活动不可能实现空间均衡化。假如生产要素分布是均衡的，或者即使不均衡但在空间上可以自由流动，各要素自然会向条件好的地区集中。由于存在空间上不能移动的生产要素，所以人们要探讨资源替代和利用级差地租开发土地资源的可能性，以期形成经济在空间上的集聚，达到理想的分布状态。因此，要素的不完全流动性是区域经济学的灵魂与活力所在，是区域经济产生的前提，也是区域经济多样性、互补性和区域分工的基础。

# 一、区域经济理论

## （一）区域经济理论阐述

对于区域经济来说，由于在生产、流通、消费等各领域中通常没有制度、体制和运行机制上的根本差别，人为的限制性因素比较少，因而具有更大的开放性。区域之间在发展特点上如果有一定的互补性，则开放程度就会更高；如果有较大的相似性，则开放程度就会低些。

区域经济均衡增长理论、区域经济非均衡增长理论是区域经济发展理论中最具代表性且相互关联的两个重要理论思想，都是有关人员从理性的角度思考区域发展问题后提出来的。在一定的地域空间内，如何最大限度地优化与组合特定生产要素资源，从而促进最大产出目标的实现，这是区域经济理论研究的主要问题。

### 1.区域经济均衡增长理论

社会经济共同发展是区域经济均衡增长理论中倡导的区域经济终极发展目标；优先发展某些地区的产业，从而使该产业带动其他有关产业的发展是非均衡增长理论的主题。由此可以看出，实现各区域经济共同发展的手段无非有两种，一种是均衡发展；另一种是非均衡发展。区域发展理论可以为我们研究区域优势体育产业的运营提供科学的指导。

### 2.区域经济非均衡增长理论

区域非均衡性是当前我国区域体育产业发展中呈现出来的主要特征，这一特征的形成具有客观性。区域资源禀赋的差异、区域自身体育产业发展模式等是造成这种非均衡现状的主要原因。事实上，区域体育产业发展中，均衡增长是发展的目的，而这一目的的实现需要依靠非均衡增长这一手段。我们研究区域优势体育产业的运营与发展，就是希望将区域优势充分发挥出来，对区域体育产业的增长极进行培育，从而在整体上推动体育产业的发展，使得体育产业全面均衡的发展目的得以实现。

## （二）区域经济理论对区域体育产业的启示

### 1.采取非均衡发展的手段来推动体育产业的整体发展

现阶段，我国不同区域的人们拥有不同的体育消费意识和消费习惯，这主要是由于我国不同区域在自然、历史、经济等方面都存在着显著的差异。因此，我们可以通过参考区域经济理论来为我国体育产业的整体发展研制策略，而在区域经济理论中，非均衡发展被当作是一种推动区域经济发展的手段，因此我们也可以借鉴这一手段来从整体上发展我国的区域体育经济。

目前，我国不同地区之间的发展极度不平衡，总的来说，东部地区的发展要优于中西部地区，这不仅仅体现在经济方面。鉴于这一客观事实，我国不适合采用均衡发展这一区域经济发展手段。我们首先要明确各区域间在经济发展方面存在的差距，从而有侧重地制定相关政策，有针对性地实施促进优势体育产业优先发展的策略，并发挥优势体育产业的价值与作用，使其带动其他体育产业的发展，进而实现整体的发展。

2.将区域优势充分利用起来，实现差序发展

要想促进经济发达地区体育产业的又好又快发展，就应该将本区域的体育资源优势充分利用起来，并积极优化体育产业结构。在经济发达地区的体育产业发展到一定程度的同时，还要借助这一地区来带动经济落后地区体育产业的发展，促进落后地区体育产业发展水平的提高。各地区体育产业的发展都离不开对本区域自身资源优势的充分利用，都需要以本地实际情况为依据来打造具有本地特色的体育产业品牌形象，这样本区域体育产业的发展水平才能够得到提高。

3.重视优势产业"增长极"效应的发挥

经济落后地区受各方面因素的影响，很难从整体上发展体育产业，因此可以率先发展某一局部地区的体育产业，或优先发展体育产业的某一行业，使其成为本区域体育产业的特色，然后再充分发挥这一局部地区体育产业或本区域体育产业特色行业的优势，带动其他地区体育产业或体育产业其他行业的进一步发展。

总的来说，对于经济落后地区而言，要推动体育产业的整体发展，就必须先确定本区域的相对优势，且立足这一优势，选择与本区域经济发展现状相符的具有特色的体育产业类型，然后促进优势体育产业适度超前发展的"增长极"效应的充分发挥，进而全面发展本区域的体育产业。

# 二、区域经济学

区域经济学是研究区域经济的特点和区域之间关系的科学，它要回答的问题是：一个区域是如何实现经济发展的，各个区域之间是怎样相互联系的，以及它们在全国劳动地域分工中的地位如何等。

区域经济学是研究区域经济一般规律的科学，具有很强的综合性，需要经济地理学、发展经济学和产业经济学等作为研究的知识后盾。

区域经济学与发展经济学关系密切。发展经济学作为一门经济学科，是

第二次世界大战以后逐渐形成的。它以发展中国家的经济发展问题为研究对象，为发展中国家的经济发展提供理论依据。发展经济学的理论体系包括宏观发展理论、微观分析理论结构发展理论等，研究范畴涉及发展中国家的经济增长速度、二元经济结构、资本积累和外资利用人口问题和就业、产业发展战略、技术革命和技术引进、收入分配对外贸易模式，等等。区域经济学中的很多概念和理论都来自发展经济学。从目前的学科发展来看，区域经济学还在不断地把经济学的理论应用于区域的研究，其中也包括大量发展经济学的理论。

区域经济学与产业经济学也有着密切的关系。产业经济学是现代经济学的重要分支，是现代经济学中用来分析实现经济增长的应用经济理论。产业经济学以产业部门作为研究对象，研究企业组织、产业组织及其行为和相互关系，以改进企业关系、优化产业结构、提高企业和产业经济竞争力为研究目的，所以产业经济学是为制定国家经济发展战略和以推动经济发展为目标的产业政策服务的经济理论。区域经济中的产业发展和结构演变理论来自产业经济学。

# 三、区域经济一体化

区域经济一体化作为20世纪80年代以来最具活力的经济现象之一，它的迅速发展已经成为当今世界经济的一个显著特征。西方区域经济一体化理论形成于20世纪中期，在短短半个多世纪的时间里，伴随着区域经济一体化实践的蓬勃发展，已经形成了完善而丰富的理论体系。

区域经济一体化亦称为"区域经济集团化"，是指同一地区的两个以上国家逐步让渡部分甚至全部经济主权，采取共同的经济政策并形成排他性的经济集团的过程。其组织形式按一体化程度由低到高排列，包括优惠贸易安排、自由贸易区、关税同盟、共同市场、经济联盟和完全的经济一体化。

# 第三节　增长极理论在区域体育产业发展中的价值

## 一、增长极理论指导体育产业发展的优势

### （一）普遍性

自增长极理论提出以来，被很多国家认可和接受。如果考察国内外区域经济发展的特征不难发现：区域（或行业部门）经济的不平衡发展及经济增长极的形成与发展是一种普遍现象，它超越地域与国家、经济体制的约束，具有一定的普遍性。

历史特征、区位条件、制度因素、政策倾斜、人力资源差异等，都可能导致国家或地区间的发展差异。巨大的动力围绕着最初的出发点，这必然会产生经济增长点或经济增长极，从而促进经济的发展和进步。尽管每个国家、地区存在着种种差异，但是由于经济增长极的普遍存在，削弱了原本的客观差异的局限，使经济增长的可能性被放大了，每个国家和地区都可以从自身的特点中找出一定的优势可以利用。

### （二）普适性

增长极理论在指导我国区域经济建设和产业发展方面具有很强的适用性。我国地域辽阔、区域间经济发展不平衡，选择何种区域经济发展模式，历来是我国经济社会发展总体布局中一个重大的战略性问题。我国经济的增长伴随着空间的不平衡增长，呈现出东、中、西部之间及同一地区内部都存在较为明显的差异性，而且这种差异性还将持续存在下去。

这种现实情况也意味着，构建和培育增长极是我国现阶段实现区域协调发展目标的最佳选择。增长极不仅能够形成强大的规模经济，还能够对其他地区经济产生支配效应、辐射效应和扩散效应。把有限的经济资源集中投入

到发展潜力巨大和投资效益明显的增长极，通过增长极的扩张和增长，积极发挥出扩散和集聚效应，带动周边地区经济的增长，从而实现社会经济的积极发展。

所以，以增长极理论来指导我国区域经济的发展，充分认识经济增长极的作用，科学地运用增长极的影响力和扩散力，对加快中、西部地区的经济社会的快速发展起到极大的促进作用，对缩小区域间的差距具有重要的现实意义，对构建区域经济发展模式也具有重要意义。

## 二、增长极理论在区域体育产业发展中的重要价值

佩鲁增长极理论的提出，为国家的经济治理指出一条简明的路径，而且该理论十分新颖，令人耳目一新，在推动区域体育产业发展的过程中，发挥出较大的价值。

### （一）较强的现实指导价值

其对社会发展过程和发展现实的真实描述，较适合世界经济发展的客观实际。绝大多数国家的经济快速增长都伴随着空间的不平衡增长。现实中，"经济进步并不同时在每一处出现，而一旦出现，巨大的动力将会使得经济增长围绕最初出发点集中"[1]；也就是说，一个国家或地区不可能实现完全的平衡发展，增长只能从一个或数个增长的"极点"开始，并带动周边区域，进而扩大发展范围。

---

[1] Hirschman, A O. The Strategy of Economic Development New Haven[M]. Conn.: Yale University Press, 1958.

## （二）符合社会的发展需要

增长极理论由于概念形式简单，容易理解，因此对理论的推广形成极大的优势，降低了政策制定者理解和运用的难度。区域增长极的相关政策也便于操作，在区域内发展体育产业经济时，增长极理论是一个有效的、具有现实指导价值的经济理论，它有助于政策制定者的实践，以及在过程中对发展的监督和管理。

另外，区域增长极理论对主导产业的重视，也符合社会进步的动态趋势，与人们的发展愿望相一致。

## 三、培育区域体育产业增长极的必要性

### （一）从区域体育产业调整体育产业结构

我国体育产业发展虽然较晚，但是发展较快，大有后来追上之势。但是目前仍然存在很多问题，在很多方面都体现为大众的期望远远走在实际发展水平的前面，且距离较为明显。例如在诸多领域内产权不清晰，产业组织不完善，产业结构不合理，产业竞争力不强等。[①]其中最为突出的问题就是体育产业结构不合理。我国体育产业结构不合理，可以简单地概括为体育服务和劳务部门发展滞后、体育用品业所占比重大、其他相关联部门作用不突出，各个子行业之间没有形成良性的互动，不能实现协调发展。

针对体育产业发展区域差距明显、产业结构不合理等问题，无论是经济较为发达的东部区域还是欠发达的中、西部区域体育产业都需要以体育产业发展的增长极作为突破口。即根据区域资源禀赋和空间环境等要素，选择培

---

① 张林，徐昌豹.现代职业体育俱乐部的本质与特征[J].上海体育学院学报，2001，25 (3)：5-6.

育影响力和引导力的主导产业或若干具有加强辐射效应的增长中心，利用极化与扩散效应，带动其他体育产业及周围腹地的发展，从而形成区域体育产业全面协调发展的格局。

### （二）区域体育产业是激活体育产业的抓手

通过培育区域体育产业增长极，有利于提升区域体育产业的竞争力，扩大该区域的经济发展，激活区域整体的发展活力。一个国家国民经济或产业的整体发展，往往是从一个区域，即一个增长极开始的。要想全面发展我国的体育产业，需要把握好区域体育产业增长极，通过少数经济或产业发展条件较好的地区，去撬动更大范围的体育产业发展，假以时日，一个增长极会发酵出无尽的生长动力，从而促进更大的区域发展。

# 第四节　区域体育产业发展与区域经济增长

体育事业的发展依赖于经济的支持，经济发展水平决定着人们的收入水平，关系着人们的体育消费观念和需求。我国体育产业正处于摸索性前进的阶段，对比国外先进国家来说还有很大的差距，不难看出体育产业发展相对成熟的国家，经济发展水平也是相对较高的。

## 一、区域体育产业发展现状

我国的区域体育产业发展还处于初级阶段，因此还存在着诸多的问题，这些问题恰好反映了当前发展条件和现实水平的制约，因此，从解决问题出发，可以有效提升我国区域体育产业的进一步发展。这些问题主要有以下几点。

## （一）体育制造业占明显优势

我国的体育产业中，以体育消费品的制造、销售是最为突出的部分，在中国这一制造业大国的背景下，体育产业中各类商品的生产和制造得到天然便利，再加上中国的人口红利的因素，自身就是一个潜力巨大的消费市场，这些因素都使体育制造业在整个体育产业中占有绝对优势地位，比重占到了75%左右。[①]而体育表演、竞技比赛等方面的比重只有15%左右，显示出了严重的不平衡。当然，这也符合产业发展的基本规律，随着时间的推移，体育产业会逐渐向着更加完善、更加全面的方向发展起来。

## （二）体育产业的关联效应较弱

尽管体育产业具备一定的产业关联性，但是就我国当前的体育产业链的发展情况看来，它们的关联性较弱，产业链相对较短，带动效益并不明显，产业拉动作用不理想。体育产业的关联效应较弱具体体现在以下几个方面。

### 1.龙头产业的辐射作用不强

近年来，我国各地政府依托本地优势体育资源，开发区域优势产业，并积极打造龙头产业，不断加大对科技含量高、带动能力强、市场潜力大的重点龙头产业的扶持力度，争取将龙头产业做大做强，以进一步拉长体育产业链条，提高对其他产业的带动能力。但因为龙头产业存在规模小、融资渠道单一、"集群效应"差、竞争力差等问题，因而限制了其辐射带动能力的发挥。

---

① 王晓林，鞠明海，朱立斌.体育产业与区域经济发展研究[M].哈尔滨：哈尔滨地图出版社，2008.

### 2.主导产业不突出

我国对于体育主导产业的研究处于初始阶段，大部分是对体育主导产业选择方面的研究。对于不同区域体育主导产业的选择，学者们各持己见：闵健在《我国体育主导产业的选择基准与选择取向》中将现阶段我国体育主导产业的选择确定为体育竞赛表演业；彭连清、林玲则认为我国体育主导产业的选择确定为体育竞赛表演业、健身娱乐业、体育用品业这三个行业。其他学者主要针对不同区域体育主导产业进行研究。无论对国家还是地区体育主导产业的选择，大都是依据主导产业选择的基准和体育产业发展现状来确定，其目的是充分利用体育主导产业较强的关联效应来带动体育产业的发展。但目前来看，我国在体育主导产业选择方面存在一定的争议，主导产业不突出，其关联效应得不到充分发挥。

### 3.区域间产业发展不平衡

当前我国体育产业虽取得了较大的发展成果，且发展势头强劲，但距离发展成为支柱型产业仍然有较大的差距。集中体现在区域产业不均衡的情况较为突出，在产业结构升级的压力下，不同区域之间的体育产业规模的差距面临着进一步拉大的可能性。

针对上述问题，一方面，我们应该集中优势资源，使其潜力得到充分的发展。另一方面，要找到制约发展的主要原因，并设法解决，促进产业链关联效应的发挥。对此，还需要提升体育基础设施的发展速度，强化体育用品业、服务业、联动相关产业的发展，充分发挥政府作用，建立优化的政策环境，增强体育产业推动区域经济增长的机理。

## 二、区域体育产业促进区域经济增长

如前所述，体育产业在我国起步较晚，但是通过学习和了解国外的成功经验不难发现，体育产业的经济潜力巨大，蕴藏着无限的可能性。因此有必要对区域体育产业的全面发展进行深入研究，加强新经济增长点的培育，以刺激和带动区域经济的整体快速发展。

区域体育产业促进区域经济增长主要体现在以下几点。

## （一）提高区域经济总产值

在西方发达国家中，美国是体育消费大国，其次是日本。日本是典型的以体育事业带动经济增长的例子，每年的体育消费品零售总额为日本的GDP贡献显著，且还在持续地增长中，其市场发展潜力较大。我国体育产业产值目前还处于发展初期，还有很大的发展空间。随着社会整体经济的不断发展，以及人们对体育服务的需求的提升，为我国体育产业的发展创造了有利条件，更为区域经济总产值的增长发挥了一定的促进作用。

## （二）促进产业联动效应

体育产业在带动相关产业、体育基础设施等方面效果也是非常理想的。我国体育产业大部分属于来料加工，但是在制作工艺、产品质量方面都是比较突出的，具有一定的国际竞争力，有效地推动了我国体育产业在国际市场上的地位。举办的省级、国家级别体育赛事，都能通过软环境的改善、引进投资等方式推动城市化建设的迅速发展，初步满足了经济增长的要求。人们在观看现场体育赛事的同时，也推动了当地经济水平的提升，尤其是在交通、体育场所、旅馆城市绿化、电子、食品等方面的体现。

## （三）扩大就业市场

随着体育产业的发展和完善，各个细分领域越来越成熟，使体育产业的分工更加明细。人们对体育事业的关注度也在逐步上升，对体育消费品的需求也逐渐增加，与之相关的制造业、服务业、场馆健身中心、教育培训等，都得到带动和发展，从而有效地扩大了就业市场，继而有效地带动了我国体育市场的发展。尤其是近些年来人们健康意识的提升，男女老少都对健康有了新的认识，提升了健身锻炼的意愿，对体育服装业、体育制造业、健身场所、健身教练、营养师等起到了极大的促进作用，体育产业需要各种人才，因此提供了劳动就业的机会，减轻了当地就业压力，在提升人们健康水平和生活品质之余，还提高了人们的收入水平。

## （四）提高生活水平

体育产业中的竞技表演业、健身休闲、体育服装、健身器材、体育旅游等产业都直接与提升人们的生活方式相关，是区域体育产业发展的重要组成部分。而区域体育产业的强势发展，还能带动该区域内以及周边地区的体育产业以及经济的发展，形成一个良性的循环。

体育活动强调公平、公正、团结以及友好竞争，人们在接触体育运动时，自身的情感得以抒发，综合素养得以提升，社会观念得以转变；多举办体育赛事，能够提升人们的进取精神，改善大众的主流价值观念，促进身心的健康发展。另外，经常接触体育活动的人要比不接触体育的人，在劳动生产率方面有着明显的提高。

## （五）提高文化软实力

体育事业是社会文化的一部分，更是区域文化软实力的体现。体育产业的发展离不开新技术、新设备、新管理方式等的推动，在提升产品市场品牌影响力的同时，也代表着城市的形象，给区域间的政治、文化等交流合作提供了机会。体育产业的长期发展，会将体育精神融入当地文化中，继而引导社会主流价值观念。体育活动可以改善人们的生理和心理健康程度，继而保证社会经济的稳定发展。体育赛事的主办单位，将各个区域的体育精神、文化等高效融合，继而间接提升了当地文化软实力。

在我国，随着区域体育产业化程度的不断发展，如各种体育服务供给的增加，以及在科技发展的协同下，对社区、学校、企业展开的体育服务业务越来越丰富，明显地刺激了相关产业的发展，促进区域整体经济的发展和提高。

当城市居民的收入水平不断提高，以及精神文化水平的相应提升，人们乐于参与一些轻松、方便、有助于身心健康的体育健身、休闲或者旅游等相关活动，这正是体育服务业发展的大好机会。人们对业余体育文化生活和健康的需求日益强烈，体育的文化功能、健身功能、体育消费的效益被越来越多的人所认识，从而促使更多的人参加体育活动，成为参与类体育消费者。

# 第三章　增长极理论下我国区域体育产业的培育与发展研究

增长极理论为我国区域体育产业的培育与发展提供了重要指导，在增长极理论下培育具有广泛影响力和较强引导力的区域主导产业，大力发展主导产业，发挥其辐射效应、极化与扩散效应，从而带动区域内其他非主导体育产业的发展，最终促进区域体育产业综合竞争力的提升，加快区域体育产业的发展速度，提升发展水平。本章基于增长极理论重点对我国区域体育产业的培育与发展进行研究，首先分析我国区域体育产业发展的宏观环境，其次简要说明我国典型区域体育产业的发展，最后重点对我国区域优势体育产业的培育与发展、区域体育产业竞争力的提升策略展开详细研究。

# 第一节　我国区域体育产业发展的PEST分析

PEST分析指的是宏观环境的分析，其中P（Politics）是政治环境，如政治制度、政府政策、法律法规等；E（Economy）是经济环境，如经济规模、经济发展水平、财政收入与支出、增长率、通货膨胀率等；S（Society）是社会环境，如人口、社会文化、价值观念等；T（Technology）是技术环境，如新技术、研究进展等。[①]PEST分析法是经济学分析中经常采用的一种方法，本节主要采用这一方法具体分析我国区域体育产业发展的宏观环境。

## 一、我国区域体育产业发展的政治环境分析

一个国家和地区的政治制度、政治形势、法律法规、政策方针、各个行业的发展体制等都属于该地区政治环境的重要组成部分。在区域体育产业发展中，政府主要发挥规范体育产业运营、促进体育商品生产的作用。在政府的宏观调控下，各项体育产业政策、法规陆续出台，强调体育产业的生产经营应该在法律、政策允许的范围内进行。区域体育产业的发展与管理政策直接受到政治环境的影响，体育产业的生产经营活动是在特定的政治环境下实施的，区域体育产业的生产经营行为受政治环境中政策、制度等因素的影响非常大，区域体育产业长期的投资行为受政治环境的影响尤为明显。

下面具体分析政治环境中的政府政策、法治建设与区域体育产业发展的关系。

---

① 金跃峰.区域体育产业发展的研究[M].北京：中国商务出版社，2009.

## （一）政府政策

区域体育产业发展受政府政策的影响非常大，下面从三个方面展开具体分析。

### 1.政府实施宏观调控

政府的宏观调控对任何产业的发展都具有重要意义，它是产业发展中一种必需的管理手段，但是任何产业都不能完全依赖政府而获得发展。体育产业的发展离不开政府的宏观调控和市场监管，发挥政府职能，对体育产业发展的相关政策加以制定，能够为体育产业的健康与可持续发展提供积极有效的引导。

在区域体育产业管理中，体育产业政策作为一种政治管理方式发挥着举足轻重的作用，政府制定科学的体育产业政策是一个地区体育产业赖以生存与发展的基础条件。政府出台的体育产业政策主要是关于调整体育产业结构和优化体育产业组织的政策，政府出台这些相关政策，主要是以体育发展的内在要求为依据的，同时也先预测了一定时期内体育产业结构的变化趋势和产业总体发展趋势，了解了国家和地区体育事业的发展规划、体育产业的发展现状、拥有的体育优势资源，然后经过综合分析制定出产业政策，将主导性体育产业确立下来，通过优先发展主导体育产业来带动其他体育产业的发展，实现区域体育产业结构的优化升级，最终促进地区体育产业的发展和体育事业的总体发展。

近些年，我国政府为支持与引导体育产业的发展，制定了一系列体育产业政策，具有代表性的有2010年国务院出台的《关于加快发展体育产业的指导意见》、2014年国务院印发的《关于加快发展体育产业促进体育消费的若干意见》、2016年国家体育总局印发的《体育产业发展"十三五"规划》、2019年国务院出台的《关于促进全民健身和体育消费推动体育产业高质量发展的意见》等。[①]在这些科学有效的产业政策下，各地抓住机遇，大力发展体育产业，对体育市场的新趋势予以准确把握，在政策的"阳光雨露"下组织了丰富的体育活动，开发了大量的体育产品和服务，满足了消费者的多元需求。此外，我国还积极推动体育产业与互联网、教育、医疗、金融以及旅游等的多元融合，开辟了体育产业的多元化发展路径，促进了体育产业整体质量的提升。

2.政府采用经济手段

政府在体育产业管理中经常采用经济手段引导体育产业的发展方向，其中税收手段和金融手段发挥了重要的作用。

（1）税收

税收是对体育产业发展进行经济调控的一种重要手段，政府对各种体育产品和体育服务的税收标准进行调整，将体育产业各部门的税收负担、不同类型体育产品的差别税率确定下来，从而使体育产业发展从产品生产到市场消费都获得一定程度的调节，为体育资源的合理配置提供正确的引导，从而不断优化体育产业结构和产品结构，使结构趋于合理化、最优化、效益最大化。政府为鼓励体育健身产业、体育娱乐休闲业的发展，将体育服务性产品的税率降低，促进了体育服务业的发展，也适当调整了体育产业结构，加快了体育产业结构升级。

（2）金融手段

政府采用金融手段主要是为体育产业的发展筹措资金，筹资的渠道主要有以下三种。

①商业银行

政府对体育产业的信贷政策进行制定，通过信贷手段筹资改造与更新体育生产资料设备和重大体育建设项目的技术。政府制定的信贷政策主要是资助性的政策，如低息、无息甚至贴息等。

---

① 彭志伟.“一带一路”背景下我国体育产业发展体系研究[M].北京：中国纺织出版社，2018.

②金融市场

从金融市场筹资可以使有规模、有能力的单位成立股份制体育公司，进一步扩大规模、壮大实力、提高经济效益。常见的金融手段包括发放债券、股票或推行股份制。

③基金会

通过成立体育基金会来筹集资金也是政府为推动体育产业的发展而采取的一种筹资手段，品牌体育项目、民族传统体育产品等是政府资助的重要对象，以弘扬民族体育文化，打造精品，使国内体育品牌获得大力发展，走向世界各地。

3.政府提供信息服务

为企业服务是政府的主要职能之一，对发展体育产业而言，服务型政府比管理型政府更能发挥作用。政府通过多元渠道将一些重要的信息服务提供给体育企业，以促进体育产业发展。体育企业能够从服务型政府单位获得体育产业的统计数据、发展趋势预测等重要信息。此外，政府还为体育产业中行业标准、技术规范的建立与完善提供方向。

## （二）法治建设

社会主义市场经济是法治化的市场经济，即法治经济，在这一经济环境下发展体育产业，要求实行法治化管理。体育产业的发展需要体育法治这一外在力量来保驾护航，如果没有法治经济下的体育法制管理，体育与经济就无法紧密结合，体育可能与市场经济脱轨。

在社会主义市场经济环境中，体育产业的规模不断扩大，体育社会化进程加快，体育市场呈现出繁荣的景象，而且体育人口、体育组织、体育企业投资者都越来越多，他们形成了广泛而复杂的结构关系，如果没有统一的法规去理顺这些关系，体育市场将会陷入混乱。当前，在我国体育产业发展中，各个独立投资主体的利益差别越来越明显，形成的社会关系越来越多、越来越复杂，这是体育产业在市场经济下发展的必然趋势，面对这些复杂的社会关系，必须用法律手段去调整、协调，而不是由行政部门直接干预。政府采用法律手段规范体育产业投资主体的行为规范、保障投资主体的正当权益，并监督投资主体履行规定义务等，从而维护体育产业市场的稳定，促进体育市场有序运作，协调体育市场中的各种关系，为体育产业的进一步发展提供良好的市场环境。

体育产业法治建设应该与建立体育市场、维持体育市场运行秩序保持同步，体育产业发展的市场取向要继续保持下去，就必须对体育产业各主体之间的平等性、竞争性加以保障，并保证各主体权利与义务的对等性，这样才能顺利加快体育产业化进程。此外，还需要对体育产业各主体的法治意识进行培养，在遵循市场经济规律的前提下建立体育产业主体利益的调节机制，对体育产业相关法规制度进行制定，完善体育法规体系，为我国体育产业的发展提供坚实的法律保障。

社会主义市场经济与社会主义法治建设的联系非常紧密，二者的内在联系从哲学的角度来看就是经济基础与上层建筑之间的辩证关系，具体表现为作用与反作用的关系。与社会主义基本制度紧密联系与结合的社会主义市场经济在体育产业发展中发挥着至关重要的作用，在政府宏观调控和市场调控下，区域体育产业的整体经济效益、社会效益不断提升，区域体育资源配置不断优化，这充分彰显了社会主义市场经济在经济基础范畴中的重要作用。社会主义法治建设的核心是立法、执法，依法治国是我国的基本准则之一，法治建设在上层建筑范畴内对体育产业的规范发展起到重要作用。

作为体育产业发展的经济基础，社会主义市场经济本身的客观性、现实性和规范性对上层建筑（社会主义法治建设）的基本内容、发展趋向起到决定性影响，并提出在社会主义市场经济运行中法治建设应发挥引导作用、规范作用以及保障作用的基本要求。

社会主义市场经济具有开放性、契约性和公平竞争性，市场经济需要法治建设是由市场经济自身的这些特点所决定的，市场经济的特性要求市场主体依法参与经济活动，正当、公平地竞争，对市场中的不正当竞争、不公平竞争，尤其是垄断行为要坚决抵制，保证市场经济运行的顺利。市场经济也有弱点和不足，如盲目性、自发性以及一定的波动性，这些弱点同样对法治建设提出了要求，要求运用法律手段对市场主体的行为予以规范，对市场经济秩序予以维护，保证在供求规律、价值规律等市场经济规律的引导下对区域体育产业资源进行合理配置，促进区域体育市场的健康运行和不断优化、健全。

# 二、我国区域体育产业发展的经济环境分析

体育产业发展过程中形成的各种经济特征、面临的各种经济条件以及产生的各种经济联系都属于经济环境的范畴。在体育产业生产经营的众多影响因素中，经济环境是最基本、最直接的影响因素。对区域体育产业发展的经济环境进行考察时，必须对GDP（国内生产总值）、居民收入水平、居民消费水平等加以分析，这些内容也是我国区域体育产业发展中应该优先考虑的经济因素。

## （一）国内生产总值

一个国家的经济实力能够从该国的国内生产总值这一重要指标中反映出来，这是一种总量上的反映。中国经济从改革开放以来一直保持强劲的发展势头，发展速度快，跨度大，经济总量在世界上的排名非常可观，这大大提升了中国的国际地位，增加了中国在世界舞台上的话语权。我国经济快速发展的事实从改革开放以来GDP保持高速增长的态势中得以充分反映，我国人均GDP的增长速度排在世界前列，但人均GDP在世界上只排在中游位置。我国GDP总量和人均GDP的发展态势说明了以下两个问题：

第一，我国已发展成为典型的经济大国，国民经济快速发展，物质、技术基础水平显著提高，初步形成了符合现代经济要求的市场体系和产业结构，社会生产与消费水平十分可观。

第二，我国经济处于较低的国际比较水平，与发达国家相比还存在一定的差距。而且我国存在区域经济发展不平衡的突出问题，有经济发达地区，也有经济落后地区，矛盾突出。

近年来，我国经济增长速度有所减缓，经济发展速度和追赶世界发达国

家的脚步都有放慢的势头，而且国家存在着日益紧迫的社会问题，如贫富差距、环境恶化、老龄化等，这些问题对我国经济发展造成了严重的影响。尽管我国经济发展困难重重，道路曲折，但我们一直没有放弃追赶的信念，没有停下追赶的脚步，一直在追赶的路上坚持不懈，不断克服新的挑战，这是中华民族发展的必然选择。

GDP与体育产业发展之间存在着密切的关系，从我国GDP的发展现状来看，其对我国区域体育产业的发展主要有以下两个方面的影响：

第一，我国GDP总量居世界前列，为我国大力培育体育市场、发展体育产业提供了坚实的物质基础、技术基础，同时也形成了与快速发展体育产业要求相符的基本供给和需求关系。

第二，我国人均GDP水平较低，区域经济发展差异显著，从而形成了梯度启动、城市先行的体育产业发展特点。今后我国区域体育产业将继续快速发展，但不平衡的问题一定时间内还将继续存在，甚至有些地区因为经济落后，仍然无法启动体育产业。

## （二）居民收入

区域内居民的收入水平与区域体育产业的发展程度密切关联，二者之间形成了正相关的关系，即区域内居民的收入水平越高，区域体育产业的发展水平也就越高。近些年，我国城乡居民的收入水平持续增长，而且保持着比较快的增长速度。国家统计局发布的《2021年国民经济和社会发展统计公报》显示，2021年，我国居民人均可支配收入为35 128元，比2020年增长9.1%。城镇居民人均可支配收入为47 412元，比上年增长8.2%，农村居民人均可支配收入为18 931元，比上年增长10.5%。

从统计数据来看，我国城乡居民的收入水平都有了明显的提升，城镇居民人均可支配收入水平较高，体育消费能力较强，尤其是东部沿海发达省市的城市居民收入水平明显高于其他地区居民，这些居民的体育消费能力也远远高于其他地区居民。我国人均可支配收入排在前列的城市体育产业发展速度快、规模大，体育市场非常发达，而且体育消费十分活跃。

相比而言，农村居民收入水平和城市居民还有明显的差距，收入水平不高导致农村地区的体育消费需求较低，有规模的、消费需求旺盛的体育市场很难在农村地区出现，从而制约了农村体育产业的发展。

总之，随着我国居民收入水平的不断提高，体育市场发展的动力将越来越强大，但要循序渐进地、有梯度地释放这种动力，要经历一个先释放发达地区城市居民的动力，然后过渡到其他地区城市居民，最后再到农村居民的长远过程。

## （三）居民消费水平

区域体育产业的发展程度除了受区域内居民收入水平的影响外，还受到居民消费水平的影响。居民消费水平对区域体育产业发展的影响主要体现在下列两个方面。

### 1.总量的影响

总量的影响是指居民全年人均消费性支出总额与体育产业发展、体育消费市场产生的互动关系。通常情况下，居民的消费性支出总量与其体育消费的可能性是正相关的，支出总量越大，消费的可能性越大。

从2021年我国居民的消费数据来看，我国居民人均消费支出为24 100元，比2020年增长了13.6%。城镇居民人均消费支出为30 307元，比上年增长了12.2%，农村居民人均消费支出为15 916元，比上年增长了16.1%。从居民消费总量来看，城市居民普遍有了一定的体育消费能力，少数发达地区的农村居民一定程度上也拥有这方面的能力，但经济不发达地区的农村居民尚不具备体育消费能力。

### 2.结构的影响

结构的影响指的是居民各类消费项目在消费支出总量中所占的比例对体育产业发展造成的影响。从2021年我国居民在不同类型消费项目上的消费数据来看，居民人均教育文化娱乐消费支出为2 599元，在人均消费支出总量中占10.8%，虽然居民人均教育文娱消费的支出数额比上年有了增加，但在人均消费支出总量中的占比并不大，对我国体育消费市场规模的扩大造成了制约。

总之，我国居民消费水平对体育产业发展的影响既有总量影响，也有结构性影响。我国居民消费支出总量的增加、消费结构的升级有助于培育区域体育产业，壮大区域体育市场，因此在区域体育产业发展中要做好对区域居民体育消费的激励与引导工作。

# 三、我国区域体育产业发展的社会环境分析

社会环境对区域体育产业发展有重要影响，其中人口、文化环境等社会环境因素对区域体育产业发展的影响非常大，下面具体从这两个方面着手分析社会环境与区域体育产业发展的关系。

## （一）人口

人口是社会环境分析中的第一要素，下面从三个方面来了解人口与区域体育产业发展的关系。

### 1.孩子

当前，政府和社会都非常关注孩子的健康问题，这是我国在健康中国建设和社会主义建设中要迫切需要解决的重点问题之一。孩子是祖国的未来，因此孩子的健康、学校健康教育、青少年体育被提到了一定的高度。过去，孩子的健康常常被忽视，尤其是心理健康，而且家长过分依赖学校体育来解决孩子的健康问题，但在市场经济条件下，家长、政府及社会各界充分认识到了孩子健康的重要性，并在培养孩子的过程中从传统的知识教育向广阔的领域拓展，健康体育投资进入大部分家庭，家长将此作为培养孩子的一个重要投资方式。在这种情况下，将来社会体育产业发展和体育市场培育中学生体育将会成为一个新的热点。

2.老龄化

人口老龄化是我国人口结构的一个特点，其实我国人口老龄化的问题在20世纪90年代就已经暴露得很明显了。随着老年人口数量的增长，相应的物质需求也在快速增长，老年人口在全国人口中比例的增加使社会需求结构发生了一定的变化。为了使老年人口迅速增长的需求更好地得到满足，开发专门为老年人提供产品和服务的老龄产业已经迫在眉睫，这将推动大、中型城市体育健康产业率先进入老年服务系列，并逐步成为区域体育产业体系的一个重要组成部分。

3.农村人口

当前，我国农业呈现出现代化、产业化发展趋势，现代工业化技术和高新设备在农业生产中的大量运用减轻了农村人口的劳动负担，也一定程度上使他们拥有了闲暇时间，而且随着农村人口物质生活质量的提高和思维方式的转变，需求也越来越多，其中不乏休闲娱乐和体育健身的需求。随着我国农村城镇化改革进程的加快和农村人口城市化速度的提升，农村人口的思想观念发生了显著的变化，其中也包括体育锻炼观、健康观、消费观，与此相关的体育问题必须引起重视。

总之，不管是从农村城镇化发展的角度来看，还是从农村人口收入水平的提高以及他们随着时代发展而形成的新思想观念来看，可以预测农民体育将成为区域体育产业市场开发中一个新的热点，这是一个值得政府和有关企业密切关注和动态追踪的热点。

## （二）文化环境

对影响体育产业发展的文化环境进行分析时，可以将影响人们体育消费观念的文化环境作为着眼点。人们消费观念的形成、变化与发展受到周围环境传播的价值观念的影响，包括家庭、学校和社会教育等不同单位的传播。在各方面的影响下，消费观念逐渐稳定，进而建立起比较稳定的消费行为模式，这种行为模式直接影响人们的消费偏好、消费结构，也影响人们的体育消费观念与行为。

人们的生活方式在市场经济条件下越来越丰富多样，对健康水平、生活质量的追求更强烈，而且随着社会生活节奏的加快和社会竞争性的增加，人们对文化的软性安慰产生了强烈的需求，希望以此放松疲惫的身心。因此，人们自愿接受了消费性文化，这是一种能够对人的生活节奏进行调剂、给人们带来轻松愉悦感的社会文化。接受消费文化的人们对体育休闲有了一定的需求，并将体育消费尤其是高端体育旅游消费纳入高品位享受之列，这为开发体育消费市场提供了动力。

此外，现代社会是一个竞争与合作并存的社会，人际交往非常重要，人们的交往需求也越来越多，体育交往作为一种重要的人际交往方式，具有沟通感情、促进了解和增进友谊的作用，其在国家外交、城市开放、校际互动、企业合作中发挥了非常重要的作用。社会群体也希望通过体育消费行为来彰显自己的团队精神、合作能力，企业也能通过在体育市场上的一些消费行为来对外传播形象，并增强内部凝聚力。这些都为区域体育产业发展、体育消费市场规模的扩大提供了重要的基础条件。

区域体育产业的发展还离不开社会舆论的大力宣传，通过各种宣传，使公众及时了解体育新产品、新服务，激发体育爱好者的消费热情，从而增加体育新产品与服务的经济效益。

## 四、我国区域体育产业发展的技术环境分析

### （一）科学技术对区域体育产业发展的重要影响

现代区域体育产业发展中，生产经营方式呈现出由粗放型向集约型转变的趋势，要使这一转变更加顺利，就要将现代科学技术运用到体育产业生产与经营中。作为区域体育产业发展的宏观环境和体育产业生产经营总体环境的一部分，技术环境对体育产业的内部结构调整和宏观发展具有重要影响。而且技术环境对经济环境、社会环境都有直接的影响，进而又会进一步影响体育产业发展。

科学技术对区域体育产业的影响主要体现在以下几个方面：

第一，技术发展对区域体育产业的经济活动产生直接的影响。

第二，技术发展与应用对区域体育产业的发展决策产生重要影响。

第三，技术发展深刻影响着人们的体育生活方式、体育消费需求结构和体育消费行为习惯。

体育产业发展中，要充分发挥各区域体育资源的优势，建立集约化经营模式，它们的实现离不开科技的进步和对先进科技手段的运用。体育产业中体育产品和服务的科技含量能够将科技进步及进步程度直观反映出来，体育产业结构的变换、产业发展水平的提升、产业竞争力的增强都离不开科学技术的推动，甚至社会体育观念的转变和体育战略的实施也需要依赖科技的进步。在体育产业生产经营过程中的一系列变革都是科技创新推动的结果，体育产业的可持续发展理念要求将先进科技与体育产业生产经营的各个环节充分联系和融合起来，这将为区域体育产业的持续发展注入新鲜的血液和持久的动力。

体育产业的发展离不开技术创新，技术创新对体育产业乃至整个体育事业的发展产生了强有力的推动作用。我国发展体育产业，要树立科技兴体的理念，通过技术创新、技术融合来保障体育产业的可持续发展，加快体育事业的科学化、现代化发展，这是科技强国战略和市场经济条件下区域体育产业发展的必然趋势。科学技术对我国区域体育产业发展的影响是全方位的，包括对体育产业资源开发与利用的影响、对体育产业结构调整的影响、对体育产品和服务质量的影响、对体育市场开发和培育的影响以及对体育消费者的影响等。

在现代科学技术不断进步的今天，我国加快了体育运行机制与管理体制的改革步伐，逐渐建立了体育健身娱乐市场、体育教育市场，促进了国内体育产品与服务的对外发展，进一步巩固了体育产业作为国民经济新的增长点的地位，增加了各区域体育产业长远发展目标实现的可能。

## （二）科技发展对区域体育产业发展的具体影响

从当前我国区域体育产业发展的情况来看，科技发展对区域体育产业发展的影响主要体现在下列两个方面。

1.促进体育健身娱乐产业空间的拓展

社会随着科技的进步而不断发展，科技进步同时也提高了人们的生活水平，激发了人们对健康、健身的强烈需求。社会生产力水平在科技发展的推动下显著提升，繁重的体力劳动逐渐减少，人们从中获得解脱，休闲时间增多，为参加休闲活动提供了可能。科技的进步引起的一系列变化，如人们生活水平的提高、思想观念的转变以及闲暇时间的增加成为体育健身、休闲娱乐产业发展的重要条件，为体育健身娱乐市场的开发与扩大提供了可能，一些区域的体育健身娱乐产业迅速发展起来，而且现代科技成果在该领域得到频繁运用，彰显了重要的价值，为体育健身和休闲娱乐产业的发展源源不断地注入了新的动力。·

2.促进体育用品产业的升级

现代体育运动的发展，尤其是竞技体育运动技术的不断提高促进了体育用品产业的发展。而竞技运动技术的提升与现代科技的进步有着密切的联系，因此可以认为现代科技的进步与运用铸造了体育用品产业，使体育用品产业得以发展壮大。或者说，现代体育用品产业的形成与发展是现代科技进步的成果。

我国体育用品产业中运用较多的技术有新材料技术、生命科学技术、信息技术等，这些技术的融入促进了体育用品科技含量的提升和质量的改进，从而使体育用品市场生产的体育产品与现代体育运动不断发展对产品提出的严格要求相符，适应了体育现代化发展的需求。将科技成果运用于体育用品的生产中，能够提升体育用品的美观性、实用性，使安排更加环保、安全，更能满足消费者的需求。

# 第二节　我国典型区域体育产业的发展

在经济全球化和经济一体化时代，我国与其他国家的城市圈之间形成了分工与交流、合作与竞争的多元关系，而且随着经济一体化进程的加快，这些关系将越来越稳固与强化。从我国目前的情况来看，只有大都市圈具备与世界经济发达的都市圈进行经济交流的条件，如完善的基础设施、先进的技术设备、优秀的专业人才等。而且只有大都市圈先形成产业集聚，扩大经济规模，才能与国外经济发达的城市进行竞争与合作。与此同时，随着我国区域经济改革的不断深入和区域经济发展战略优势的彰显，体育产业发展将从城市竞争向区域竞争转变。

美国经济学家弗朗索瓦·佩鲁提出增长极的概念后，法国经济学家布代维尔、瑞典经济学家拉苏恩等又从地理学视角进一步肯定了增长极，并对产业空间本身所具有的地域集聚特征作了强调，即在一个大城市中或某个核心区域内，将技术、资本、人才等资源高度集中在主导产业部门，形成规模经济，使主导产业迅速成长，进而使该区域或城市迅速发展起来，然后将经济效应辐射到周边地区，形成效益不断扩散和传播的"增长极"，带动相邻区域共同发展。在增长极理论的指导下，我国体育产业发展中形成了三个典型的"极化区"，即"京津冀"地区（以北京为中心）、"长三角"地区（以上海为中心）和"珠三角"地区（以广州为中心）。这些地区经济发展水平高，为区域体育产业的一体化发展提供了有利条件。

上面三个"极化区"在体育产业发展方面所拥有的先天优势是有目共睹的，优势包括外环境优势和内环境优势（表3–1）。在科学发展观和增长极理论的指导下，三个都市圈依托自身的比较优势和竞争优势深入挖掘优势体育资源，建立体育市场，开发各类体育产业，逐渐形成了区域体育产业发展的"极化区"，随着这些区域体育产业的快速发展，其"扩散效应"和"辐射效应"逐渐彰显，最终促进了整个区域各类体育产业和其他相关产业的协调发展。

表3-1　京津冀地区、长三角地区和珠三角地区发展体育产业的优势[1]

| 优势类型 | 优势表现 |
|---|---|
| 外环境优势 | （1）资本存量和增量优势<br>（2）地理区位优势<br>（3）技术资源优势<br>（4）人力资源优势<br>（5）体育经济发展软环境优势 |
| 内环境优势 | （1）体育基础设施条件的优势<br>（2）体育服务产品消费需求的优势 |

　　我国在体育产业发展中采取的都市圈区域体育产业优先发展的战术与我国区域经济的整体发展态势相符，对进一步加快都市圈经济发展速度和经济水平的提升具有非常重要的作用，而且这一战术的实施也促进了我国体育产业整体的发展以及中国体育产业在全球体育市场中竞争力的提升。

　　三个都市圈在发展区域体育产业的过程中所采用的发展方式是以非均衡协调发展方式为主的，这一发展方式指的是区域体育产业总体发展保持相对协调、平衡，同时认清客观差异，在体育的经济重心区优先集中投入资金、技术和资源，使区域体育产业的总体发展获得大力支持，实现持续发展。非均衡协调发展方式集中了均衡发展和非均衡发展两种传统方式的优点，将不同区域的特点和优势充分利用起来，使区域之间的互补优势和综合比较优势得到最大限度的发挥，促进区域体育产业竞争实力的提升和体育产业的可持续发展，并使地区之间的产业发展差异逐步缩小。总之，非均衡协调发展方式是符合三大都市圈体育产业发展现状和需求的最佳方式。

　　另外，三大都市圈在体育产业发展中都明确了自己的主导产业，通过合理选择主导产业并优先发展该产业来形成产业间的链式反应，推动区域体育产业的稳步发展、协调发展以及可持续发展。三大都市圈在选择主导产业时，以自身实际情况为依据，并参考了体育产业结构关联的变动机制和逻辑

---

[1] 金跃峰.区域体育产业发展的研究[M].北京：中国商务出版社，2009.

模型，最终选择的主导产业为：京津冀地区选择体育竞赛观赏服务业为主导产业；长江三角洲选择商业体育赛事服务和健身休闲服务业为主导产业；珠江三角洲选择商业体育赛事服务和健身休闲服务业双重主导产业[①]。三大都市圈优先发展主导产业，并带动其他体育产业的发展，最终使本区域体育产业的发展呈现出欣欣向荣的发展态势。

# 第三节　我国区域优势体育产业的培育与发展策略

当前，我国体育产业快速发展，但总体上还处于初级发展阶段，区域化特征显著，因而需要以区域资源条件为依据，对区域优势体育产业进行分阶段、有层次的培育，从而扩大区域体育产业的发展空间。

## 一、我国区域优势体育产业培育的理论基础

### （一）竞争优势理论

#### 1.理论阐述

竞争优势理论最初出现在迈克尔·波特的著作《国家竞争优势》中，这一理论形成不久后就彰显了自身价值，得到了经济学家的认可。在区域经济发展、产业发展的相关研究中，该理论具有非常重要的指导意义。迈克尔·波特最初为了研究如何提升国家竞争力而创造了竞争优势理论。后来，

---

① 金跃峰.区域体育产业发展的研究[M].北京：中国商务出版社，2009.

经济发展及产业发展领域也开始逐渐用该理论研究相关问题。

在区域产业研究过程中，充分利用竞争优势理论比较某一区域内某一产业和同类产业在市场竞争中各自的优势与不足，从而进一步研究如何规避不足，发挥优势，提高本产业的市场竞争力。一个地区的优势体育产业可能具有其他地区体育产业或本地区其他产业所不具备的优势，即比较优势，因此其在相同领域的市场竞争中就具备了优势，这也是优势体育产业在区域体育产业市场中优先发展的主要原因。

### 2.启示作用

竞争优势理论能够为区域优势体育产业的发展提供重要的理论指导，这主要从以下两个方面体现出来：

第一，利用竞争优势理论对区域优势体育产业进行培育，促进优势体育产业竞争力的提高。

第二，将区域特色及优势充分利用起来，积极推动与体育产业相关的其他产业的发展，促进区域内相关产业之间的协调发展。

## （二）比较优势理论

### 1.理论阐述

比较优势理论最初出现在《政治经济学及赋税原理》（大卫·李嘉图著）中，"两利相权取其重，两害相权取其轻"是这一理论的主要思想。我们可以这样理解这一思想，在国家之间的贸易往来中，倘若某一国家在两种不同产品的生产中都具备相当的优势，那么其就应该利用优势对更大更优质的产品进行生产；即使某一国家在生产任何产品时都不具备成本上的优势，其依旧能够对本国成本相对较低的产品加以生产，这样在产品交易中同样能够获得经济利益。

在区域经济发展中，各区域都应先明确本区域的优势，预测本区域的发展前景，然后将自身优势充分发挥出来，对产业结构进行合理调整，促进合理有序的经济发展结构的形成。

2.启示作用

比较优势理论对培养区域优势体育产业具有重要启示意义。以充分发挥比较优势为基础，推动区域产业和区域经济发展。区域体育产业作为区域产业的重要组成部分之一，同样可以依托比较优势理论获得更好的发展。在关于区域体育产业发展的分析与研究中，要参考比较优势理论，有机结合内生的、动态的影响优势观及外在的、静态的影响优势来提高发展效率。

确定某个区域在体育产业发展中具有何种优势时，可以利用比较优势理论的相关知识，识别优势产业，也可以通过该理论来获取参照条件。识别与发展区域优势体育产业有助于进一步提高区域体育产业的整体发展水平和竞争力。

## （三）善治理论

### 1.治理理论的缺陷

之所以提出善治理论，主要是因为治理理论本身存在缺陷。鲍勃·杰索普是研究治理理论的代表人物，他指出治理理论的缺陷主要表现为以下几对矛盾：

第一，开放与封闭。多元权威之间互相信任与合作是有效网络管理的前提条件，要提高网络管理的有效性，就必须对治理网络的组织数量加以严格控制，保持封闭的网络系统。但要保持网络系统的封闭性，就会错过一些潜在成员，而且封闭式管理也不符合网络管理的平等原则、开明原则以及协商原则。

第二，合作与竞争。协同治理是建立在合作的基础上，但如果过分看重合作，就会忽视竞争的重要性，这样容易造成管理对象适应力的减退与创新能力的下降。

第三，责任与效率。任何管理都强调对责任的明确，但对这方面的过分强调责任又会对合作的效率造成影响。

第四，治理性与灵活性。对稳定的网络运行规则进行制定与遵守是可治理性的基本要求，要促进治理绩效的提高，就需要将过去的治理经验运用起来，但这又容易在管理中失去灵活性。社会环境复杂多变，我们不能总以过去的经验来解决当前的问题，要灵活多变，使网络运行规则不断完善。

### 2.善治理论的提出

上述几对矛盾的存在使得治理理论可能会失效，因此要想办法克服这个问题，提高治理的效果，进行有效治理，国外学者因此而提出了"善治"。关于善治的概念，不同学者有不同的见解，下面分析几个具有代表性的观点。

查尔斯·福克斯认为，"以人为本"即为善治。人民为了幸福生活而民主决定的东西就是"善"，人民就是主人，是判定对错最高的标准，没有高于他们的标准。

罗茨从过程角度对善治的愿景作了描绘。他认为，在市场公共服务中引入市场激励机制和企业管理手段，基于互利与信任而建立社会网络，从而在政府与人民之间、公共部门与私人部门之间建立良好的互动关系，这样一来，善治模式才真正得以形成。

俞可平认为，善治体现了政府与民间的一种新关系，政治国家与市民社会在这个良好的合作关系中均处于最好状态。简单来说，善治就是政府与人民合作，共同管理公共生活，在这个管理过程中，主要目的是追求公共利益的最大化。民间社会是善治的基础，民间社会健全、发达，才有实现善治的可能。如果公民参与度不高，政府与人民没有良好合作，那么善治就不会实现。

从不同学者对善治的不同解释来看，善治的特点主要表现在以下几个方面。

（1）透明性

政府在与人民共同治理的过程中，要公开政治信息，以方便公民行使权利和监督管理过程。

（2）法治性

善治必须建立在法治的基础上，善治不可能离开法治而存在。

（3）参与性

善治必须要有公民参与。制定与执行决策以及监督管理过程与效果都要有公民参与。

（4）责任性

公民既享有参与决策与监督的权利，也要承担责任。政府部门同样在善治中承担很大的责任。

（5）回应性

对于公民提出的要求，政府要及时回应，不能回避。

（6）有效性

善治就要减少管理成本，提高管理效率。

3.善治理论的应用

将善治理论运用到区域优势体育产业培育中，要注意以下几点：

第一，对区域优势体育产业情况进行深入调查，在了解现状的基础上对有关管理制度、管理措施进行完善，并加强创新管理，满足消费者的需求。政府机关制定相关决策，首先要考虑消费者的需求和满意度。

第二，区域优势体育产业与其他体育产业的协同管理模式应科学合理，适应消费市场现状，对国外体育产业管理的先进经验予以借鉴，或者对其他产业的管理经验予以借鉴。

第三，创建体育产业品牌，发挥品牌优势，提高品牌效应，扩大体育企业的影响力。区域性优势体育产业管理要有特色，要能促进体育产业与其他行业的共同发展，实现共赢。

第四，做好优势体育产业区域性培育与管理的效果评估工作，把消费者的满意度作为首要评估指标。

善治理论将公民参与作为一个重点来强调。善治本身就是建立在公民参与基础上的，如果公民不参与或参与度低，那么就不可能与政府建立合作来共同管理公共事务。我国在区域体育产业培育与管理中推行善治，就会吸引更多的人参与体育消费，发展体育产业带来的经济效益将惠及社会与人民。当人们享受到体育产业发展带来的好处后，为此消费的积极性又会大大提高。广大公民在与政府的合作管理中，会逐渐增强保持生态环境和体育资源的意识，并将体育资源开发的经济性、生态性、可持续性作为优势体育产业发展的重要评估指标。因此随着合作管理的有效进行，区域自然生态环境也将得到明显的改善。

# 二、区域优势体育产业的选择方式

对区域优势体育产业进行选择的主要目的是促进区域资源优势的充分发挥，对区域产业的竞争力进行培育并不断加以提高，从而促进区域体育产业发展水平的提高。对区域优势体育产业进行选择时，一方面要立足实际，面向未来；另一方面要在全面分析的基础上做出合理选择，内部因素、外部环境、消费者状况等都是选择优势体育产业时需要重点分析的内容。另外，体育产业的未来发展方向一定程度上由区域优势体育产业决定，因此在选择优势体育产业时还应考虑其战略意义。

区域优势体育产业的选择方式主要有以下三种。

## （一）政府选择的方式

市场机制还不够成熟时，需要由政府选择、引导优势体育产业，并从政策方面给予扶持，从而使区域优势体育产业在一定时期内取得明显的发展成就。体育产业若想又好又快地发展，既需要依靠强有力的经济基础，又需要政府在制度上予以支持与保障。我国西部地区经济相对落后，尽管拥有丰富的自然资源，但受资本短缺的影响，体育产业的发展受到了限制与制约，这时就需要依靠政府的扶持与引导来优先发展重点产业，发挥重点产业的带动效应，促进区域其他产业的协调发展。

此外，政府代表了区域内成员的整体利益，政府可以对各方面的资源进行充分调用，在政府的组织与引导下推动优势体育产业的发展更容易保障区域内成员的利益。

## （二）市场选择的方式

对于经济落后地区，有时即使政府大力扶持，也难以取得良好的发展效果，这时就需要发挥市场的作用。虽然一些体育产业是在政府的扶持下才发展起来的，但长期以来对政府产生了强大的依赖性，不利于长久发展，所以需要发挥市场的调控作用。

## （三）市场与政府相结合的选择方式

政府与市场这两个主体并不是相对立的。体育产业的发展需要政府的引导和市场的监督，离开任何一方，体育产业都无法得到良好的发展。在市场选择与政府选择两种方式中，我们可以以其中一种方式为主，另一种方式为辅进行对优势体育产业的选择，具体以哪种方式为主，要看区域的经济发展水平。如果区域经济发展水平较低，就需要以政府选择为主，市场选择为辅，充分发挥政府的主导作用；如果区域经济发展水平高，则以市场选择为主，政府选择为辅。

# 三、区域优势体育产业发展的对策

## （一）以区域优势资源为依托，促进产业资源整合

### 1.以优势资源为基础

确定区域在生产某一产品方面所具有的比其他区域更突出的优势，优势可能是显性的，也可能是隐性的。自然资源、人力资源是影响区域体育产业发展的重要因素。在区域体育产业发展过程中，产业定位的基础和方向主要由区域的自然资源优势所决定，自然资源优势又是社会资源优势的基础，社会资源优势能够为产业的发展提供充足的经费、高科技资源以及高素质人才，对体育产业的结构层次具有决定性影响。有机结合这两类资源优势，能够使体育产业的比较优势转化为竞争优势，促进区域优势体育产业竞争力的提升和区域经济的迅速发展。

发展不同类型的体育产业所需要的资源条件是有区别的，对优势体育产业的培育必然要依托优势资源，同时也离不开其他支撑条件。区域中可以优先发展的体育产业是有限的，并非所有体育产业都能在同一时间得到发展，

这主要是因为受到资源条件的限制。

不同区域体育产业发展中所面临的环境和具备的条件是不同的，各区域都不同程度地存在着资源稀缺性与差异性，所以不同区域体育产业的生产可能性边界不同。发展区域优势体育产业要以识别、开发与利用优势资源为基础，区域优先开发什么资源直接决定了优先发展哪种体育产业。

### 2.发挥劳动力的创造性，整合生产要素资源

劳动者、劳动对象与劳动工具是体育产业发展中不可或缺的生产要素。生产体育产品时只有结合这三个重要因素，才能将潜在生产要素转化为具有现实意义的生产力。

首先，在培育区域优势体育产业和促进优势产业竞争力不断提升的过程中，需要充分发挥人力资本的作用。即使区域内资源要素丰富，且具有比较优势，但如果缺乏丰富而优秀的劳动力，也无法成功将体育产品生产出来。只有依靠人力资源的力量，才能创造出生产工具，进而完成对体育产品的生产。

其次，体育产业的劳动对象是体育市场的重要消费群体，也是体育产品的需求方，因此应积极加强对劳动对象的引导，使其参与体育产品的买卖过程。

最后，在劳动工具短缺的情况下是无法凭空创造体育产品的，因此要重视对资源条件的充分利用，促进人的主观能动性的充分发挥，通过创造适宜的生产工具来生产体育产品。开展体育活动的过程也是对人进行改造和不断促进其完善的过程，在这个过程中专业器械、器材或生产工具是不可或缺的，只有依靠这些实质性的工具才能生产出体育产品。

劳动力、劳动对象与劳动工具不可分割。在体育产品的生产过程中，只有有机结合以上各种生产因子，才能将满足人类体育需求的生产资料创造出来。

### 3.提高资源生产效率

通过改进生产技术和加强技术创新，能够促进资源生产效率的提高。在现有资源条件下，要增加资源产出，就必须注重对生产技术的革新。要提高

区域体育产业特别是优势体育产业的竞争力，不仅要优化配置区域的现有资源，更要促进资源生产效率的提高。通过对生产技术的改进，深入挖掘潜在的自然资源，使资源的价值得到最大程度的发挥，从而增强区域体育产业中生产要素的经济转化能力。

## （二）加强特色体育产业的发展

我国地域广阔，不同地区都有自己丰富的自然资源和人文资源，各地可结合自身经济、区位、资源等现状而开发具有本土特色的体育产业，并将其发展为本地优势体育产业。例如，经济发达、人口基础大、人才集聚多的地方在开发体育竞赛表演、体育培训等产业方面具有优势，可以借助有利条件打造品牌体育赛事，并弘扬到国内外。此外，在自然条件优越的地区可以结合实际情况开发休闲体育产业，并以休闲体育旅游为主，同时可以将体育赛事与旅游结合起来，以赛事促旅游，以旅游促赛事，形成协同发展局面。

当前，我国在"一带一路"背景下需重点加强"一带一路"沿线国家和地区的体育文化交流，加强体育合作，提高区域体育产业协同发展效应，并大力推进优势体育产业创新，促进优势体育产业服务质量的提升和品牌质量的改进，并在现有基础上对新生品牌进行创造，使特色体育产品的附加值得以增加，满足消费者的需求。

## （三）利用现代技术助推体育产业发展

区域优势体育产业的发展离不开现代信息技术的推进。在互联网时代，信息技术与体育产业的融合越来越深入，社会经济发展的新潮流如共享经济、互联网经济、大数据经济等为区域优势体育产业的发展与传播提供了良好的环境。加强信息技术与区域体育产业的融合，能够使区域特色体育产业的发展渠道更加宽广、开阔，并实现线上与线下共同发展的目标。

在传播体育知识、体育信息、体育文化方面，互联网作为信息时代的载体发挥了重要的作用，发展区域体育产业，尤其是打造优势体育产业，要发挥互联网的传播作用，利用互联网手段提高传播意识和服务质量，及时传播体育信息，为消费者获取知识、掌握信息、学习技能、观赏赛事提供便利，从而扩大消费市场，拉动区域经济发展。

总之，在互联网背景下要加强高新技术在区域优势体育产业培育与发展中的应用。

## （四）引进专业人才

任何行业的发展都离不开人才，社会发展与创新是以人才为第一要素的。对优秀的专业人才进行培养，能够促进社会不同专业领域的发展。区域优势体育产业的发展同样离不开对优秀人才的培养，通过进行专业人才培养，充分整合体育产业资源与文化资源，使优势产业的发展空间进一步拓展，推动优势体育产业现代化发展水平的提高。

为高质量发展区域优势体育产业，将专业人才吸纳到区域体育产业领域中来，需要制订人才培养与引进计划，解决当前区域体育产业人才队伍培养中的主要问题，并加强不同区域体育人才的相互交流与合作，使其取长补短，学习先进专业知识，为本区域体育产业的发展做出贡献，最终促进区域经济的进一步发展。

# 四、区域优势体育产业联动发展的趋势

## （一）体育产业和多产业融合趋势

### 1.体旅融合趋势

体育旅游业是体育旅游产业的重要组成部分，是一些区域重点发展的体育产业。由体育产业、旅游产业互相融合而形成的体育旅游产业既能够满足人们的旅游需求，也能满足人们的体育参与需求，有体育参与动机和旅游动机的消费者选择体育旅游能够同时满足两方面的需求，享受良好的运动与休闲体验，使自身的显性和隐性动机在同一旅游项目中得以体现。

体育旅游中有一种特殊的项目，即体育赛事旅游，体育旅游者在旅游的同时观赏体育赛事，前往旅游目的地观赏赛事能够给旅游者带来深刻的休闲体验和精神享受。体育旅游中还有一些观光旅游、户外运动旅游等项目都能够使旅游者在身体感知大自然的同时获得良好的身心满足感，一些具有挑战性的旅游项目更是使旅游者在旅游活动中体会体育旅游带来的酣畅淋漓与无尽魅力。

当前，我国区域体育产业自身定位不够广泛，与其他娱乐产业相比还有一定的差距。电影、唱歌等娱乐产业项目基本实现了大众化，而且这些项目在发展中也主要走娱乐化之路，能够使人们的娱乐需求得到满足。相对来说，体育更为专业一些，其娱乐性不及常见的娱乐项目，在文娱产业市场中，体育不具备竞争优势，很多人因为体育的专业性较强而不愿参与其中。因此，要发展体育产业，就要将娱乐的旅游元素融入其中，丰富体育产业的内容，创造多元化的体育娱乐和体育旅游产品，促进产业市场占有率的增加，如此才能使体育产业获得更广阔的发展空间，在文娱市场和旅游市场中发挥竞争优势。

目前，我国部分体育产业缺乏开放性、规模性，体育部门应与地方相关部门协商，在市场经济环境下适当整合产业，实行兼并策略，促进体育产业架构的健全，以持续发展体育产业。在构建体育产业发展架构时，尤其要关注其与旅游业的融合与协调发展，扩大体育产业的规模，促进地方经济结构的优化升级，这也是促进旅游业内涵不断丰富的重要举措。总之，体育产业与旅游产业的协同发展能够产生巨大的力量。

2.体医融合趋势

体医融合是我国推进国家健康战略、提升全民素质、实现全民健康的重要模式，是建设健康中国的重要途径。《"健康中国2030"规划纲要》明确提出，要通过"广泛开展全民健身运动，加强体医融合和非医疗健康干预，促进重点人群体育活动等方式提高全民身体素质"。体医融合是将体育和医疗合二为一，将训练学恢复手段与医学治疗手段融为一体，发挥全民科学健身在健康促进、康复和预防慢性病等方面的积极作用，让二者在增进健康、防治慢性疾病、供能恢复、预防和治疗运动伤病等方面共同发挥作用，以提高所有人群的健康水平的一种健康服务模式。

产业融合是体医融合的一种模式，体育和医疗的产业融合模式通过多个维度体现出来，从融合的过程来看，经历了技术融合的基础阶段、业务融合的核心阶段以及市场融合的最后阶段。在体医融合试点地区采用产业融合模式，具体要从资源融合、技术融合等方面予以落实，最终实现整体融合。在产业融合模式的运行中，体育和医疗两个系统的技术资源、业务资源、市场资源等的效能都没有最大程度地发挥出来，相关公共服务体系也处于缺失状态，这就导致当突发重大公共卫生事件时，体育和医疗的联动作用得不到充分发挥。这就要求在产业融合模式的基础上进行理念上的升级，具体表现为将运动医学理念、临床医学技术和运动康复方法三者有机融合。

随着体医融合的稳步推进，我国体育产业将继续发展，并与其他相关产业产生深度融合，促进社会公共服务体系的优化和公共服务质量的提升，加快社会公共服务内容的延伸和服务方式的创新，为体育健身、休闲娱乐等领域提供优质服务，实现服务升级，最终完善体育文化产业体系，满足人们的生活需求。

### 3.体康养融合趋势

体育与康养是提升人民群众身体健康素质的两个重要项目，是全民健康的重要支撑和保障。康养产业是健康中国战略的重要组成部分，当前我国体育产业处在转型发展的关键时期，为促进体育产业转型升级，政府大力发展康养产业，促成体育与康养融合，创建一体化对称连续性互惠融合模式，促进体育与康养产业的优化升级、互惠发展。

## （二）体育产业发展和区域产业结构升级的融合趋势

区域体育产业发展对区域产业结构升级具有重要影响，如区域体育赛事产业的发展能够促进区域体育基础设施建设的改进与优化，从而对其他相关产业的发展与优化起到积极的促进作用。区域体育产业的发展与区域产业结构的优化是相互促进、互利共赢的，调整与优化区域产业结构能够促进体育产业发展空间的扩大。

区域体育产业集群的形成与扩大对区域产业结构升级、区域产业规模的扩大具有重要意义，加快区域体育产业发展能够使区域产业结构布局更加合理，使区域经济进一步发展。

区域体育产业的发展使区域产业结构的调整迎来了良好的机遇，但也面临着新的挑战，在机遇与挑战并存的当下，要推动区域体育产业与区域产业结构调整的深度融合发展，这也能够使区域居民对高质量生活的需求得到充分的满足。

## （三）区域体育产业集群发展趋势

产业集聚的形成与建立有助于促进区域产业协同能力、产品竞争力以及产业创新能力的提升，进而使区域经济得到进一步发展。区域内体育产业集中在一起，形成能够产生良好外部经济效应的统一产业链，这种产业现象就是体育产业集聚。当前，我国区域体育产业集群趋势越来越鲜明，这对于合理布局区域体育产业结构，创建有特色、优势的品牌产业，带动新兴体育产业发展等都具有重要作用，而且产业集聚还能使优势产业与非优势产业取长补短，协同发展，使区域体育产业的核心竞争力得到进一步提升。

区域体育产业集群的发展需要以区域体育资源优势差异为基础，协调发展区域内的体育服务行业、体育旅游业、体育竞争表演业以及其他体育行业，创建优势鲜明、特色突出的区域体育产业集群，进而构建以可持续发展为目标导向的体育产业协同发展机制。在新时期背景下，区域体育产业集群能够给区域经济带来新的活力，使区域经济具有强大的发展动能。

# 第四节　我国区域体育产业竞争力的提升

产业竞争力是一种比较竞争力，就区域经济发展来讲，不同地区的产业政策环境、经济发展环境有一定的差异，因此产业竞争力应该放在具体的地域（国家或地区）范围内进行比较。提升区域体育产业竞争力，要充分发挥政府职业，培育优秀的体育人才，并推动产业融合，提高企业竞争力。下面对我国区域体育产业竞争力提升的路径展开具体分析。

# 一、充分发挥政府职能，加强区域政府合作

政府在体育产业发展中具有重要影响和发挥关键作用。政府制定的体育产业政策能够在很大程度上加快体育产业的发展进程。加强政府的宏观调控是体育产业可持续发展的重要举措。

政府领导是推动各行业可持续发展的第一力量。在政府部门的支持下，我国体育产业发展才有了今天的活力和动力。2014年国务院颁布的《关于加快发展体育产业促进体育消费的若干意见》指出"到2025年，体育产业总产值超过5万亿元"，极大地激发了体育产业的市场活力和改革动力。新时期，要促进区域体育产业的进一步发展，必须继续发挥政府的职能，如政府加强区域体育产业布局规划，制定科学合理的产业政策和相关法律；政府加大对区域体育产业发展的扶持力度，完善区域体育产业服务体系；政府加强对区域体育产业运营的监督管理，完善体育经营活动的服务规范和从业标准，优化区域体育产业环境。

另外，为推进区域体育产业的协同发展和整体竞争力的提升，还需要构建政府合作机制，加强政府合作，做好各方面的协调，注重利益的合理分配与补偿，使政府的职能能够进一步的发挥。区域政府合作机制是指通过有目的的制度安排而形成的区域内多元政府主体之间相互联系和相互作用的模式，包括动力机制（利益）、组织机制和协调机制。下面从这几个方面探讨在提升区域体育产业竞争力的过程中如何建立区域政府合作机制。

首先，动力机制。利益是一切活动的出发点和归属点。区域体育产业合作实质上就是追求实现区域共同利益，只有利益共享，才可能有稳定的、长久的合作。但在区域体育产业合作中不可避免地会存在着优势方和劣势方，

以及由此产生的双方利益分配不均衡问题。这就需要合作优势一方给予劣势一方必要的补偿，让区域内所有的地区都共享合作的收益，否则，合作关系就会破坏，彼此利益都会受损。利益补偿机制的建设可以通过成立区域合作公用基金、建立政府间转移支付机制来实现，以确保区域合作利益的公平分配。

其次，组织机制。区域内政府合作的顺利实现需要有实施具体合作事宜的组织载体，即通过区域政府协调合作组织来进行。因此，建立合理有效的区域政府协调合作组织体系至关重要。为促进区域体育产业的顺利合作，需要建立一个得到区域内各个地方政府认同的、民主的跨行政区的区域协调合作机构——区域体育产业合作管理委员会。这个区域协调机构主要负责区域体育产业规划和区域体育产业政策的制定与执行，提供统一的区域体育公共服务，协调和解决地方政府之间的矛盾。

最后，协调机制。区域政府间合作需要建立基于平等互信基础上的协调合作机制。区域政府就区域体育产业合作的各种问题进行广泛的、真诚的对话、协商，最后达成共识，形成相关的区域体育政策并采取一致行动，这是区域政府合作其他机制得以建立健全的政治前提。对此，有必要建立区域内地方政府各部门之间以及跨行政区部门之间的协商机制，推行区域政府交流，消除隔阂，增进了解，培育协作精神和共赢意识，加快区域体育产业一体化进程。此外，区域政府合作还需要运用法律、经济、行政等多种区域协调手段与政策工具，提高协调效率。

# 二、优化专业人才队伍，夯实人力资源供给

## （一）发挥高校培养体育产业人力资源的作用

高校教育是当前我国体育产业人力资源培养的主要方式，高校在体育产业人才培养过程中要做好以下工作：

（1）高校是体育产业人力资源的供给方之一，应以体育产业市场需求为

依据将人才培养的目标确定下来，培养与市场需求相符的人才。

（2）高校应加强体育产业课程专业建设，增设新课程，全面培养体育产业各领域人才。

（3）高校应随着体育产业的发展而推进体育产业相关课程的教学改革，促进课程质量的提高，提升体育产业人力资源培养效果。

（4）对体育生产研发人才、管理人才进行培养时，加强学历教育，科学建设资格认证制度与在职培训制度。

（5）高校在培养体育产业人才的过程中要特别注意对学生信息能力、社交能力、管理能力以及创新能力的培养，提升学生的综合素质，使其真正为体育产业发展提供更好的服务。

（6）高校应重视对应用型体育产业人才的培养，在开展专业教育的同时鼓励学生通过选修课学习更多知识，获得全面发展。

## （二）遵循市场规律，优化配置人力资源

在市场经济体制下对体育产业人力资源进行优化配置，需以科学发展观为指导，对市场规律加以遵循，对市场在资源配置方面的优势加以充分运用。此外，在体育产业人才的优化配置中，还应以社会需求为依据，对具有中国鲜明特色的体育产业人力资源市场进行开发。在这一过程中，要充分发挥政府部门的作用，将更多便捷的渠道提供到体育产业人力资源的配置中，要通过丰富有效的方式吸引投资，使体育产业拥有更多的社会资本，同时还要对体育产业人力资源管理和服务的领域进行拓展，这样体育产业人力资源市场才能顺利开发，并得到一定的完善。只有这样，才能实现体育产业人力资源的优化配置，才能促进体育产业人力资源质量的提升与结构的优化。为了达到这一目标，还需要借助市场的信息反馈功能来把握体育产业人力资源需求的动态变化，促进体育产业人力资源管理水平的提升。

# 三、加强相关产业的合作，推动产业融合

## （一）通过产业融合促进产业竞争力的提升

产业融合包括下面两种方式。

### 1.横向融合

产业间的横向融合就是体育的功能与区域其他产业的融合，通过深度利用体育产业资源和重新进行体育产品的市场定位来促进体育产业体系的横向幅度的拓展。

### 2.纵向融合

产业内部的纵向融合就是通过整合体育产业链，促进产业链的外延式、内涵式优化，使区域体育产业的发展空间不断延伸到高附加值的产前和产后环节，这是体育产业化经营的新内涵。在体育产业内部的重组和整合过程中一般要注重纵向的延伸与融合。

## （二）加强产业融合，提升区域体育产品的附加值

通过产业融合，能够对功能更完善、品质更高的新产品进行生产，这样消费者的多样性偏好和多元化消费需求就能够更好地得到满足了。通过产业融合，还可以提升产品的附加值，促进体育产业价值链的优化，从而加快消费的溢出效应的形成。在产业融合的趋势下，区域应对融合型的体育服务产品重点进行开发，并推动相关市场不断融合，将区域优势生产要素充分利用起来，加快对区域体育产业资源的优化配置，从而顺利实现产业结构的优化与升级。

# 第四章 京津冀区域体育产业一体化发展研究

　　随着市场化发展进程的加快和经济全球化水平的提高，各地区之间在经济要素方面的流动越来越频繁而快速，区域之间的经济依存关系逐渐形成并日益强化，区域经济协同发展产生了良好的集聚效应和互动效应，极大地提高了区域经济发展水平。在这一背景下，京津冀三地如果只靠自己的力量发展经济，则难以承担区域内的经济竞争压力，因此必须走集群化、协同化发展之路，京津冀区域体育产业也必须采取一体化的协同发展战略，从而实现三地体育产业发展与经济发展的共赢目标。本章主要对京津冀区域体育产业一体化发展进行研究，内容包括京津冀区域体育产业一体化发展的必要性与可行性，发展现状分析，一体化发展策略以及该区域休闲体育产业的一体化发展路径。

# 第一节 京津冀区域体育产业一体化发展的
必要性与可行性

## 一、京津冀区域体育产业一体化发展的必要性

### （一）经济差距要求产业合作

当前，京津冀三地之间的经济差距日趋明显，且有持续加剧的态势，为此需要增强三地之间的产业合作，特别是要全面调动河北的积极性，促使产业结构升级速度的加快，尽可能快速缩小河北和京津的差距。2021年3月，京津冀三地的体育产业协会签署战略合作协议，体育产业协会充分发挥自身的桥梁作用，协助三地体育部门落实《京津冀体育产业协同发展规划》，打造具有经济活力的体育产业集聚区域。合作发展协议的签订为京津冀提供了难得的合作机会，增加了京津冀体育产业合作发展的可能性。京津冀牢牢抓住机会走合作发展之路，能够使区域体育产业迈入崭新的发展阶段。

### （二）体育产业可持续发展要求产业合作

可持续发展是区域体育产业一体化发展的重要理念。可持续发展战略不仅要求全力维护、合理使用自然资源，而且强调在体育产业发展计划与政策中增加关于环境的分析。可持续发展的目标是在满足人类多重需要的同时，促使个人获得全面发展；在对资源与生态环境采取切实可行的保护措施的同时，保证不会对后代的生存与发展造成威胁；重视不同类型经济活动的生态合理性，反复重申要大力支持有利于资源再生和环境保护的经济活动，反之则坚决摒弃。

可持续发展战略已经深入人心，现阶段的环境与资源问题已演变成世界各国都十分重视的问题，一些国家环境污染、资源浪费以及生态破坏等问题

比较严重，环境保护与资源治理已经成为当下必须采取的措施。京津冀地区是我国经济快速发展的重点区域，在"以经济建设为中心"口号的带动下难免会出现资源浪费和环境破坏问题，体育资源同样如此。因此，当前很有必要再次强调合理开发京津冀地区体育资源，想方设法达到资源消耗最小、经济效益最大、环境保护最优三项目标，由此推动京津冀体育产业的健康、可持续发展。

## 二、京津冀区域体育产业一体化发展的可行性

### （一）京津冀协同发展战略的提出

京津冀地区间交流合作的开端是在《京津唐地区国土规划纲要研究》编制之后，时间为19世纪80年代中期。1986年，环渤海经济区概念被提出后，京津冀都市圈经济合作正式开始走向实质性阶段。2004年2月，国家发改委召开京津冀地区经济发展战略研讨会，会议提出应在坚持市场主导、政府推动的原则下发展京津冀地区的经济，并对"平等互利、优势互补、统筹协调、多元发展"的发展理念进行了强调，在这一会议的影响下，京津冀地区良性互动与竞争合作的区域发展格局逐步形成。2006年，国家提出的"十一五"规划中有关于京津冀发展问题的规划。2012年，国家发改委又开始对首都经济圈区域规划进行组织。我国"十二五"规划纲要出台后，明确提出要对首都经济圈进行建设。"十二五"期间，《河北省沿海发展战略》《燕山—太行山片区区域发展与扶贫攻坚规划（2011—2020年）》相继被纳入"十二五"规划中，这些战略与规划的实施迫切要求从宏观上对整个京津冀区域的一体化发展进行统筹规划。为此，国家发改委在京津冀各方提出的首都经济圈发展规划基础上进行汇总和融合。首都经济圈规划重点以首都核心职能与非核心职能的布局思路为核心进行统筹考虑，并在此基础上提出了京津冀三地在交通、产业、电力能源、公共服务等方面协同合作的过程中需注意哪些要点。

2013年8月，习近平在北戴河主持研究河北发展问题时再次提出要推动京津冀协同发展。2014年2月，京津冀三地协同发展座谈会由习近平主持召开，该会议提出，京津冀三地应打破狭隘的行政区划观念，摆脱传统的思维定式，应加强协同发展，从而对新的首都经济圈进行打造，并进一步推动区域发展体制的创新，会议还强调这是一个重大国家战略，并严格实施起来。2014年3月，国家政府工作报告中写入了有关"加强环渤海及京津冀地区经济协作"的内容。

《京津冀协同发展规划纲要》于2015年4月30日正式通过。纲要指出，京津冀协同发展是我国的一个重要战略，对北京非首都功能进行有序疏解，在京津冀重点领域（产业升级转移、交通一体化、生态环境保护）率先取得突破是该规划的核心内容。这表明，经过长期的精心准备，我国基本完成了京津冀协同发展的顶层设计，且明确了实施这一战略的总体方针。京津冀协同发展战略的提出为该区域体育产业的一体化发展提供了极大的便利与优良的环境。

## （二）京津冀体育产业的差异性与互补性

京津冀地区在区位上间隔距离小，交通方便，生产要素资源具有显著的互补性，并具备产业合作的条件。北京有雄厚的经济实力和比较合理的体育产业结构，而且体育产业结构还在向更加优化的方向发展，不足之处是北京体育产业结构尚未达到合理要求，本体产业发挥的作用十分有限。天津是京津冀区域的另一个核心，经济基础稳固，人才竞争力和科学竞争力较强，从而奠定了天津体育产业的后发优势。河北唐山、廊坊、保定、邯郸等地区体育产业发展基础较好，张家口、承德等地区体育产业的地域特色显著，能够和京津体育产业形成优势互补的格局。由此可见，京津冀地区已经具备了体育产业一体化发展和提高区域体育产业竞争力的基础。

# 第二节　京津冀区域体育产业一体化发展的现状分析

## 一、京津冀区域体育产业一体化发展的优势

京津冀区域体育产业一体化发展的优势具体体现在以下几个方面。

### （一）政策方面

北京、天津、河北三省市体育局于2010年8月3日举行《京津冀体育产业合作协议》签字仪式。《协议》确定了京津冀体育产业合作工作机构，合作内容、目标和保障机制，明确了"梯度共进、优势互补、功能提升、产业聚集"的发展原则，达成加强三地体育产业战略合作、培育一体化格局的共识。根据《京津冀体育产业合作协议》，京津冀体育产业部门从2014年开始展开一系列合作，于2014年7月签署《京津冀体育协同发展议定书》，2015年3月签署《京津冀体育产业协同发展议定书》，2016年12月签署《深入推进京津冀体育协同发展议定书》，2017年3月编制《京津冀体育产业协同发展规划》，2017年12月印发《京津冀健身休闲运动协同发展规划(2016—2025 年)》。此外，2015年4月，中央政治局会议审议通过《京津冀协同发展规划纲要》，京津冀协同发展上升为国家战略。这些为京津冀区域体育产业一体化发展提供了基础政策保障。天津市承办的2017年第13届全国运动会，以及北京市和河北省张家口市联合举办2022年冬奥会等大型赛事活动也为本区域体育产业的协同发展注入了强大的动力。

### （二）经济方面

京津冀经济增长为体育用品制造业、体育用品销售业以及体彩的发展提

供了巨大的动力，对本区域居民体育消费水平的提高产生了积极作用。京津冀近几年GDP总量的年增长水平十分可观，增量水平的优势显而易见。实现京津冀体育产业一体化发展需要夯实经济基础，北京与天津两大都市拥有凭借区内社会资本机制大力发展体育产业的条件。

## （三）区位方面

京津冀作为全国政治、经济以及文化的中心地带，是全国经济发展空间最大的区域之一，此外三地拥有便利的交通、发达的市场以及通畅的信息，因此可以将该区域列入经济相对发达地区。

北京与天津都是现代化国际大都市，和世界各国在经济与文化方面的交流非常多，该区域居民各种观念的更新速度与更新深度比多数城市的群众超前，该区域广大群众在法制观念、市场观念以及竞争观念三个层面的水平同样很高。

发展至今，在"京津冀一体化"和"首都经济圈"上升为国家战略的大背景下，河北省环京津区位优势日益显著，三地在地理区位优势对体育产业的聚集发展产生了强大的吸引力。

## （四）人力资源方面

我国很多知名大学和研究机构大量聚集在京津冀地区，其中北京和天津的国家重点大学与专业体育院校非常多。这使得京津冀人力资源的优势更加突出。

## （五）体育资源方面

京津冀地区的体育资源十分丰富，主要体现在以下三个方面：

第一，坚持体育锻炼的体育人口数量多，占总体育人口的比例高于全国平均水平。

第二，体育设施相对完善，具有丰富的体育健身设施、全民健身路径、全民健身户外活动基地、各种公共体育设施以及正规的国家全民健身活动中心。

第三，体育人才资源丰富，北京与天津都是人才聚集地，体育人才总量比其他很多城市多，优秀的体育人才同样较多，此外京津冀三地的一线社会体育指导员数量逐年增加。

京津冀地区应当想方设法将区域内的经济优势与体育资源优势发挥出来，在拓展体育市场的过程中以积极主动的态度加大体育产业开发力度，尽最大可能将体育产业培育成国民经济发展中的新增长点，将其拉动社会消费、刺激经济、提供就业机会的作用发挥出来。北京与天津是全国体育产业发展的龙头，体育产业化趋势显著。京津冀应当协同探寻国际体育中心城市的体育产业发展模式，逐步培育出以健身娱乐、竞赛表演以及体育彩票为主导的体育市场体系。

## （六）传统体育项目方面

京津冀体育传统项目丰富，代表性项目有邯郸永年太极拳、保定空竹、沧州武术、吴桥的杂技和张家口冰雪节、天津的击剑、水上快艇、踢毽子等。除此之外，京津冀的体育旅游资源也丰富多样，能够为三地体育健身娱乐产业和旅游产业的发展提供有利条件。

# 二、京津冀区域体育产业一体化发展的劣势

## （一）发展不平衡

北京和天津是两大直辖市，各项经济指标在全国都处于领先位置。但从整体来分析，京津冀某些经济指标和长三角、珠三角的差距是客观存在的，表现在人均国内生产总值、城乡居民人均可支配收入等方面。其中主要的一个原因是河北省以及京津周围的贫困县较多。

此外，京津冀三地的发展水平同样存在不平衡的矛盾，北京和天津的人均国内生产总值、城乡居民人均可支配收入高于全国平均水平，但河北省高于全国平均水平的城市比较少。

## （二）产业梯度落差较大

整体来看，北京和天津产业发展快、产业定位高，但河北省部分城市产业发展速度有待提高，产业梯度落差较大，制约了河北省内形成平衡链接产业链。"环京津贫困带"使北京和天津之间出现了产业对接断裂，整个区域表形成"孤岛式"发展态势。北京在东部发展带上重点发展通州、顺义和亦庄，在布局上与河北、天津实现对接。针对这种发展形势，京津冀三地政府应当主动跳出行政区划圈子，使产业布局的规划达到合理要求，尽快达到区域对接目标，推动京津冀体育产业可持续发展。

## （三）区域研发能力不足

京津冀科技资源优势明显，但科技研发处于比较独立的状态，就是离散状态，未能完全形成紧密衔接、分工合作、垂直一体的区域创新体系。此外，京津冀三地各自为战的现象也是客观存在的，这制约了京津冀区域的整体科技研发能力的提升。

## （四）资源环境恶化

京津冀三地在发展过程中，资源环境遭到了较大程度的破坏。北京市一方面面临着水资源匮乏、水污染、沙尘暴、干旱等自然问题，另一方面面临着人口、住房、交通等人文问题。此外，北京大部分的能源是依靠外地来供应的，严重制约了北京低碳经济的发展。天津资源环境同样恶化，天津重化工业集聚速度加快，能源消耗量巨大，特别是滨海新区建设进入高速发展期，很多大项目都聚集在此。河北省的资源环境也不太乐观，河北省偏重于工业结构，投入高、耗能高且排放高，而效率较低。另外，河北省低碳技术人才缺乏，创新能力不足，无法大规模开展低碳经济。在此背景下，京津冀体育产业一体化发展中必将资源环境治理和生态文明建设提上日程。

# 三、京津冀区域体育产业一体化发展的困境

## （一）整体发展失衡，结构有待优化

体育产业同经济发展之间是相互影响、相互作用的关系。

首先，作为朝阳产业的体育产业，无论是发展规模还是产业构成都会随着生产力及科学技术的发展而有所变化，体育产业越来越成为国民经济中的重要组成部分。

其次，体育产业的发展需要经济发展作为物质支撑。经济快速发展能够有效增加群众的可支配收入，以此逐步增加体育消费在群众总消费中的占比，以此为体育产业的发展创造条件。

最后，体育产业发展空间、体育投资需求等都会随着我国第三产业占比的增加而增加。由于三地区域经济发展存在着不均衡，三地体育产业发展也呈现出显著的非均衡性。

京津冀体育产业一体化是以京津冀区域经济一体化为基础的，而区域经济一体化是以区域内经济的均衡和协同发展为基础的。经过区域协同等一系列政策的推进，之前经济发展比较落后的河北省有赶超之势，而天津市的经济发展相较于北京市而言较为缓慢。经济发展的不平衡导致天津市在技术、资金以及人才引进上存在困难，甚至造成市内资源外流的状况，这不仅严重影响了天津市体育产业的一体化建设，同时也严重影响了京津冀三地产业的平衡性发展，最终阻碍京津冀体育产业一体化发展进程。

同时，京津冀三地经济的不均衡使得各地政府在财政支出上差距明显，地区总体经济能力及地方政府对体育公共服务建设的财政投入决定了体育公共服务的供给水平，使得天津市与北京市、河北省在对体育产业一体化的支持能力上有明显差距。

除了经济发展不均衡以外，京津冀体育产业的总体规模及结构也不均衡。北京市因为有奥运体育场馆、特色健身园区及体育主题公园，所以北京市通过举办或承办国内外大型体育赛事来实现产业一体化，如网球公开赛、马拉松等，天津市和河北省在承办大型体育赛事方面不及北京。同时，三地体育产业结构也不尽合理，特别是体育服务业的发展水平和产值都不高，而体育用品制造销售业却占比过大，这不利于京津冀体育产业一体化发展。

## （二）产业政策存在地域差异

体育产业政策的地域壁垒是京津冀体育产业协同发展的主要障碍之一，具体表现在以下几个方面：

（1）在产业发展任务方面，京津冀出台的《关于加快发展体育产业促进体育消费的实施意见》（简称《实施意见》）中，仅北京市将"推动京津冀体育产业协同发展"作为重点任务，任务中明确要合理布局和集群发展京津冀体育产业，完善京津冀体育产业协同发展机制。

（2）在体育产业扶持政策方面，京津冀体育产业引导资金管理办法地域差距较大，未起到协同发展效果。

（3）京津冀三省市设立体育产业发展引导资金，京津冀在体育产业引导资金资助范围存在地域壁垒，河北省体育产业引导资金注重体育产业平台建设和体育人才培养，而京津体育产业引导资金注重各子产业的培育。在资助方式上，北京市资助方式多样化，津冀两省市的资助方式以资助和贴息为主。

（4）关于高新技术体育企业的税费政策，在《实施意见》中京冀两省市均按 15% 税率征收企业所得税，而天津的税费政策措施中无高新技术体育企业税费优惠政策。

总之，体育产业政策的地域差异在很大程度上阻碍了京津冀体育产业的一体化发展。经济发展及区域协同发展政策的长期缺乏，致使京津冀各区域已形成独立生产系统，造成行政区域经济封闭，具体表现在制定体育产业发展政策时的信息沟通不畅、各自为战、产业资源难以整合等方面。由于缺乏有效的信息沟通，对于北京倡导的实现"京津冀体育产业协同发展"的京津冀体育一卡通服务，津冀未开展有效对接。京津冀由于难以跨越各层级的行政隶属关系，难以形成有效沟通平台，导致三地在体育产业政策制定和产业发展上各自为战、难以统筹协调，进而阻碍了体育产业资源的整合，影响体育产业一体化发展。

## （三）市场发育不足，行业竞争激烈

### 1.市场发育不足

京津冀三地的体育市场发育尚不成熟，主要原因如下。

（1）行政力量干预较多

京津冀地区相较于珠三角和长三角而言，国有经济占比更多，行政干预也会更多，行政因素直接影响了京津冀的协同发展。长三角是在改革深化、政府放权与合作、市场联系紧密的条件下实现体育产业一体化的，珠三角是在改革开放以后根据市场导向来形成产业一体化的，而京津冀城市群比长三角和珠三角的城市群市场化程度低，依靠政府主导和行政规划实现产业一体化，行政色彩浓厚，经济市场化和外向度都比较低。

（2）体育企业尤其是龙头性企业较少

京津冀体育一体化发展过程中，在经济新常态形势下，三地无法更好地吸收民间资源和资本入驻体育聚集区，使得体育产业园区企业规模不大，龙头企业极少。龙头产业能够在体育产业一体化中起到良好的带动和整合作用，使产业内部的分工更加明确，同时吸纳优质资源，使产业集群进一步壮大。现阶段体育产业经营企业缺乏实力，大多数是中小型企业，经营方式是轻营和兼营，造成了各个地区产业竞争力不足的情况，体育产业发展质量不高，无法实现产业一体化可持续发展。

（3）非政府力量发展太过迟缓

市场力量和社会力量等非政府力量的参与能够快速弥补政府的不足，进一步推动区域协调发展。京津冀地区相较于珠三角和长三角地区而言，其市场化程度和发展水平都比较落后，因为国有经济是主导力量，政府对产业的发展只考虑到行政利益，无暇顾及产业一体化发展带来的经济效益。在此环境下，京津冀民营企业发展较为缓慢，知名民营企业屈指可数，其市场力量无法突破区域利益分割的约束，在资金、技术以及信息资源上都无法在区域内形成自由流动的市场，最终导致京津冀一体化发展陷入困境。

除此之外，京津冀区域处于首都及其周边，具有非常强的政治敏锐性，政府对于群众参与的非政府组织特别谨慎，对社会组织扶持力度不大，导致京津冀社会体育组织的发展比较落后，最终降低了区域体育产业一体化的发展程度。

### 2.行业竞争加剧

由于市场发育不足，导致行业竞争加剧。虽然体育市场的发展空间巨大，但是越来越多的小企业进入该行业，在政府不放权、企业增多的情况下，行业竞争势必加剧，谁拥有更好的销售平台和渠道，谁拥有更加创新的体育产品和服务，谁拥有更专业更优秀的人才，谁便在体育行业中拥有较强的生存力与竞争力。

行业竞争不仅体现为体育产业的竞争，也体现在整个文化服务产品的竞争。作为全国文化中心的北京以及区域文化中心的河北与天津，文化服务产品供给丰富，其对体育服务产品消费的替代作用增加，在一定程度上消解或抑制了体育服务产品的消费，而体育服务产品消费力的弱化又使体育产业发展失去原动力。

## （四）全民健身公共服务供给能力存在较大差距

京津冀不仅存在全民健身公共服务供需矛盾，还存在着区域全民健身公共服务供给能力差距。在全民健身基础设施体育场地的供给上，京津体育场地供给能力明显高于河北，在人均体育场地投入方面，京津两地也远远超过河北。河北省全民健身公共服务供给能力在质量层次和服务水平方面都与京津地区存在差距，京津冀区域体育公共服务投资失衡是导致京津冀地区全民健身供给能力失衡的重要原因。

全民健身公共服务供给能力的差距制约了京津冀体育产业一体化发展，全民健身公共服务协同发展应成为解决京津冀体育产业协同发展的根本途径。全民健身公共服务的财政投入差距直接导致京津冀全民健身公共服务供给能力的地域差距。全民健身公共服务主要依靠政府投入，京津冀三地经济发展水平不均，致使体育场地的投入也产生差异。京津冀三地在体育场地投资资金上的显著差异直接造成京津冀全民健身公共服务供给能力存在差距。

　　针对这一问题，政府要加大资金投入，完善京津冀全民健身体育场地设施，提高人均体育场地面积。特别要加大河北省体育场地投资力度，合理配置京津冀全民健身公共体育服务资源，推进京津冀全民健身事业发展和体育产业一体化发展。

# 第三节　京津冀区域体育产业一体化发展的策略

## 一、明确一体化发展的基本思路

### （一）建设区域经济共同体，在竞争、合作中实现共赢

　　从国内外区域经济发展实践来看，只有区域内各地区之间合理分工，加强合作，才能最大化地提升区域经济效益。京津冀地区在协同发展体育产业方面拥有一定的区位优势和产业合作基础优势，三地应依托各自的优势，密切合作，促进区域体育产业综合竞争力的提升。

　　促进区域体育产业结构优化升级、提升本区域产业竞争力、参与全球化竞争是京津冀三地共同面临的任务。对此，京津要放下身段，积极与河北合作，河北也要把视野放宽，以广博的胸怀与京津两地密切合作。京津冀区域内各地区要摒弃传统的行政区划观念，携手对区域经济共同体进行建设，从而为开展体育产业方面的合作提供良好的环境与平台，使区域体育产业的共同发展得以逐步实现。

## （二）各地充分发挥比较优势，推动产业结构升级

在京津冀区域经济的发展过程中，各方面经济要素在空间分布上表现出了不均衡的问题，不同地区之间既是互补关系，也是竞争关系。京津冀三地要以自身的比较优势为依托，以发展实际为依据，来对特色产业进行开发，并以此为基础共同促进本区域体育产业结构的升级。

（1）北京要重点对高端体育产业进行开发与培育，促进体育健身娱乐业、体育赛事产业等支柱产业的进一步提升，对有良好发展前景的体育旅游产业、体育中介产业进行积极的开发。

（2）天津要对体育产业结构进行合理调整，将体育健身休闲业、体育竞赛表演业、体育技能培训业、体育中介业等产业作为重点狠抓起来。

（3）河北各市应以自身所具有的资源优势和产业基础为立足点，对特色产业进行打造，同时将体育健身娱乐业、体育竞赛表演业、体育彩票业等重点产业的发展重视起来。

# 二、贯彻一体化发展原则

京津冀区域内各地在展开体育产业合作的过程中，必须对一些基本的原则严格加以遵循，否则无法通过协同发展实现共同发展的目标，也难以对体育窗口进行建设，提升本区域的影响力。京津冀各地在体育产业一体化发展方面需贯彻的原则如下。

## （一）市场主导

市场机制是区域内各地协同发展的主要调节机制，因此应充分发挥市场的主导作用，同时要在政府的宏观调控下展开协作与竞争，从而促进市场秩序的稳定与健康。

## （二）系统协调

区域发展是整体性的发展，因此应对系统的区域发展规划进行制定，对统一的协调机制、制度和机构进行构建与完善，从而促进京津冀区域经济一体化发展进程的不断加快。

## （三）互利互惠

京津冀三地在协同发展体育产业的过程中，应对各地利益进行充分的考虑，尽可能兼顾各方利益，这样才能使一定的聚集效应和累积效应产生，也才能使互利共赢的目标顺利达成。

## （四）优势互补

京津冀地区内各地在进行体育产业分工的过程中，应严格按照比较利益的原则来进行，让体育要素在区域内合理流动，积极开展商品贸易活动，这样才能实现优势互补，才能使区域共同发展的目标得以实现。

# 三、加强集群化发展，共建"体育窗口"

## （一）加强区域整合，形成集群优势

虽然京津冀区域内形成了体育产业集群，但各地区的产业集群基本上是独立的，联系不密切，主体企业与配套企业之间不够协调，市场竞争力比较弱。对此，京津冀地区的各级政府要加强沟通，积极配合，科学引导体育产业集群的完善与壮大，对扶持体育产业集群发展的政策进行制定，加强对优良产业环境的建设，从而使体育产业集群又好又快又健康的发展。只有这样，京津冀体育产业的生命力才会增强，发展势头才能更猛。此外，本区域还要注意加强创新，促进体育产业链的形成，并在这一基础上促进京津冀地区优势体育产业集群的发展。

## （二）消除政策壁垒，推进产业政策协同

造成河北与京津体育产业发展存在巨大差距的主要原因之一是政策落差大，而区划的行政壁垒是造成政策地域壁垒的主要原因。京津冀体育产业协同发展的首要任务是缩小河北体育产业与京津之间的差距，吸引京津优质体育产业资源，提高河北体育产业发展信心。

需要注意的是，制定政策时各行政区域体育部门应加强沟通，就投融资、税费、土地等方面实现政策协同，推进体育产业发展的土地要素市场、金融市场、信息与技术市场等方面一体化，消除政策壁垒导致的三地体育产业发展的差距。

## （三）资源互补，推进产业协同

京津冀三地所拥有的体育产业资源存在一定的差异，如北京和天津地区的体育经费、体育赛事、体育市场和体育人才等资源较多，而河北地区的体育自然资源比较多，适合开发休闲体育产业。由于三地的体育产业资源开发的侧重点不同，所以要树立互补、合作的发展理念，并明确三地各自的发展定位，如北京重点要将体育产业"做高"，天津重点要将体育产业"做强"，河北重点要将体育产业"做大"。

### 1."做高"

北京要将体育产业"做高"，要以体育服务业为重点，推动京津冀服务业的协同发展。例如，将体育服务业作为北京奥运国家体育产业示范基地的主要发展内容。

### 2."做强"

天津要将体育产业"做强"，重点是搞好体育科技研发，实现京津冀体

育研发的协同发展。此外，体育场馆服务、体育竞赛表演等产业门类也应该纳入"做强"的范畴中，如将这些产业作为天津团泊湖国家体育产业示范基地的主要发展项目。

3. "做大"

河北将体育产业"做大"，重点开发休闲体育产业，推动京津冀休闲体育产业的协同发展。例如，依托冰雪资源开发冰雪产业，作为崇礼国家体育产业示范基地的重点发展项目。

总之，京津冀三地要依托各自的体育产业资源而走集群发展、协同发展、合作发展之路，充分发挥各自的资源优势，实现三地资源互补和共享，提升三地体育产业协同发展的经济效益。

## （四）发挥"区位优势"，确立各地区的主导产业

"抓住重点、统筹兼顾、发挥优势、形成支柱"是京津冀地区在发展体育产业的重要指导原则，有关政府应坚持这一原则，更新发展观，以各地优势为依据来对各自的主导产业进行确定，并注重合理分工与科学布局。

（1）北京在科技、经济、人才、市场等方面的优势很突出，所以应加强对高端体育产业的开发与培育，这也有利于将北京打造成为宜居城市。

（2）天津要积极与北京展开合作，在共赢目标的驱动下对自身优势进行充分的挖掘，与北京优势互补，实现错位发展。

（3）河北自然资源丰富，劳动力较多，这是其发展体育产业的优势所在，依托这些优势，河北地区应重点发展体育配套产业，并主动与京津进行人才、技术等方面的交流与沟通，从而促进本地区体育产业结构的进一步优化。

## （五）培育人才市场，促进体育产业人才水平的提高

区域经济和社会发展都离不开人力资源这一根本动力因素，在区域产业合作发展中，要充分发挥高素质人才的作用，这样才能促使生产力水平和科研水平的提高，才能使区域经济的快速发展成为现实。京津冀区域有很多高

素质的体育人才，但这些人才并不是均衡分布在各地的，京津地区的体育人才要远远多于河北地区，这是制约京津冀体育产业协调发展的主要因素。所以，对京津冀体育人才市场进行整合与培育，促进体育产业人才素养的不断提高是很有必要的。

很多学者都认为，对体育产业人才进行培养，促进体育人才素质不断提高最好的途径就是构建与实施"产学研教"一体化的区域人才培养模式。"产学研教"一体化具体是指在区域协同发展的背景下，区域内各地的研发机构、高等院校与企业积极展开合作，这样各方的合作机会也会不断增加。各高校应积极进行知识交流；各企业和研发机构应进行技术交流；研发机构和企业之间主要是在知识生产方面展开交流；高校和研发机构重点交流的是知识的实践；高校和企业之间主要是针对知识运用方面的问题展开交流。培养体育人才必须注重各相关单位之间的合作与交流，运用这一模式能够对不同领域的体育人才进行培养，如体育营销人才、体育研发人才、体育赛事经营管理人才等。

## （六）完善合作机制，推动体育产业协同发展

京津冀体育产业一体化发展要求建立跨区域发展的新体制和机制，充分发挥京津冀一体化发展的协调作用，通过专项规划、区域对接促进区域体育产业布局的协商与沟通。构建京津冀体育产业合作机制，要特别重视利益协调价值的构建。主要包括以下几个方面。

### 1.建立利益表达机制

通过建立利益表达机制，让地方政府、企业、社会组织、群众等各类非政府力量都有更多的机会和渠道来表达他们的利益诉求。

### 2.建立事前分配、事后协调的利益分配机制

事前分配：相关各方在事前就某事达成公约，让各方在经济利益上都有均等的发展和分享权利。

事后协调：使用各种方法来补偿区域分工过程中蒙受利益损失的一方，

体现利益兼顾的思想。

例如，京津冀体育产业一体化发展过程中，河北省因为地缘和体育资源劣势，无论是体育产品制造和销售还是在体育竞赛服务等方面，都充当了服务首都北京的角色，这种模式从一开始就违背了公平发展的原则。为此，相关部门应对河北省给予利益补偿，如借助人员培训、产业帮扶及合作等方式来补偿，让京津冀三方都能在公平、均等的地位上发展。

3.建立协同发展的保障机制

一方面，从中央层面建立相应的法律条例，用相关的章程和规则约束三地在体育产业一体化过程中的行为。

另一方面，地方政府可根据地区实际情况建立和完善相应的法律法规，让京津冀在发展产业一体化过程中有法可依、有章可循。

# 四、培育消费市场，推动体育产业创新发展

体育消费需求是进一步优化和创新体育产品及服务的重要驱动力，现阶段我国体育产业化程度还比较低，体育市场消费主要集中在体育用品的制造及销售方面。我国经济水平的提高及人均收入的增长势必会让体育产品及服务的消费需求进一步提高。所以，应进一步加快体育产品及服务项目的开发和创新，根据群众的个性化需求，持续推出多样化的、能满足群众需求的现代化体育产品及服务，不断提升产品和服务的质量及科技含量。

在体育消费市场的培育中，以健身娱乐服务、体育赛事表演服务等作为重点，针对消费者的不同年龄段、性别、学历、职业以及收入水平来量身定做个性化且多元的消费产品和服务。

此外，可以利用球迷经济来开发一套具有观赏性的体育赛事产品，促进群众体育消费需求的增加，推动京津冀地区体育产业一体化发展。同时，应对体育赛事观众做好服务营销，让球迷有更高级别的观赛体验，进一步延伸体育赛事服务业的产业链。

# 第四节　京津冀休闲体育产业的一体化发展

## 一、休闲体育产业概述

### （一）休闲体育产业的概念

在休闲产业的组成结构中，休闲体育产业是其中一个基础的组成部分。休闲体育产业的概念为，为了使人们的休闲体育消费需求得到满足而将物品、服务和设施提供给人们的组织集合体就是所谓的休闲体育产业。在一定程度上而言，也可以将休闲体育产业认为是以使人们休闲体育需要得到满足为目的的产业。

### （二）休闲体育产业发展的条件

#### 1.现代消费价值观的建立

现代社会中，人们的消费观已经上升为一种价值哲学或价值观。人们对休闲体育消费品的需求也是对这种价值观加以遵循的结果。所以，休闲体育商业性服务和消费品在类别、等级上都有不同的划分。与此同时，在休闲体育消费品的划分中，也有一些以品牌为依据的划分形式，表现在商业性服务中，就是以档次为依据对其进行划分。不同的人，其所处的阶段与阶层也是有区别的，他们标示自己所处的阶层与地位时，需要通过对不同层次的消费品的运用来标示。也就是说，不同档次与品牌的消费品，代表了不同的阶层身份。有时候，即使是消费同一个档次与品牌的消费者，其社会阶层与地位也是有区别的。以高尔夫球俱乐部的会员为例进行说明，人们需要花费很多钱才可以有资格进入高尔夫球俱乐部，但是人们交纳的会费也是分等级的。交纳会员费少的会员，他们所享受的设施、教练等服务与交纳很高会费的会员是不同的。从表面来看，消费者花钱消费休闲体育产品或服务，这是花钱买健康的观念使然，但是在消费者看来，他们不仅在买健康，也在通过这一手段将自己所属阶层的文化观念宣示给他人看。

### 2.以市场经济体制为前提条件

休闲体育产业的产生经历了休闲体育活动的产生与发展这一基础阶段，这与现代市场经济发展的逻辑是相符合的。与其他一般产业部门一样，利润最大化是提供休闲体育产品的企业追求的目标。休闲体育服务劳动分工是产生休闲体育产业的基础。反过来，休闲体育产业能够促进休闲体育地域分工和服务劳动的不断深化，能够对休闲体育经济的发展提供支撑与导向作用。

休闲体育产业只有在市场经济体制下才能将自身真正的产业特点体现出来。要永无休止地使资本增值，这是众所周知的道理，休闲体育资本同样也是如此，休闲体育产业及经济的发展也需要资本的不断增值。休闲体育资本增值的主要表现是，在休闲体育的广阔领域中对投资与融资的机会进行寻找，以此来对更大的价值量进行获取。休闲体育资本在某种意义上是一个巨大的开放系统，它将休闲体育融入其中。从一定程度上来说，它也是一种导向力量，促进休闲体育经济结构转变的实现。

### 3.休闲时间充裕与收入的增加

休闲是物质生产过程以外的活动，社会生产力的发展程度直接决定了休闲时间的多少。在不同的社会发展时期，休闲时间的差异主要由生产力的发展水平决定。在资本主义社会之前，社会的生存与发展要想得到良好的维持，就需要有大量的人和大量的时间，人们利用这些时间去耕作、采集与狩猎，这是社会生存所必需的。因此人们几乎没有闲暇时间来享受休闲的生活方式，休闲消费也就很少了，只有帝王将相和王公贵族才有休闲的生活。

在工业革命之后，劳动生产效率因为使用了蒸汽机等动力机械而得到了大大的提高，这就极大地促进了人们生活必需品的多样性与丰富性，这时，人们可以不必把所有的时间都用于劳动，可以抽出一部分时间来参与休闲活动。然而，当时在资本主义原始积累的阶段，人们每天的工作时间长达十几个小时，闲暇时间很少，因此休闲消费依然得不到发展。

现在，社会生产力水平不断提高，人们的生活水平也在提高，收入在不断增加，产业结构和产品结构也在不断优化，有大量的多种多样的物质产品与精神文化产品能够供人们消费，这就明显地促进了休闲消费的发展。所以说，生产力水平与经济水平提高、收入增长是导致休闲消费发展的主要原因。作为众多休闲方式之一，休闲体育也随着休闲消费的大量出现而逐渐发展起来了。

## 二、京津冀休闲体育产业一体化发展现状

新时期，北京对首都城市战略地位进行深入研究，主动推进京津冀区域经济协同发展。不管是北京、天津还是河北，都要打破"各自为战"的传统思维定式，团结一致共同努力推进区域一体化发展，实现区域发展顶层设计目标。2015 年 3 月，京津冀体育产业协同发展研讨会在河北崇礼高原训练基地开展，京津冀三地体育部门均派代表参加会议，在会议上以区域合作内容为依据具体提出了六个方面的体育合作项目，旨在推动京津冀体育产业集群发展、联动发展以及一体化发展。合作项目具体如下：

（1）共同打造体育服务业重点项目。

（2）联合申报国家级区域体育产业重点示范项目。

（3）成立京津冀体育产业协会。

（4）联合申办和承办高水平体育赛事活动。

（5）促进体育用品制造业发展。

（6）建立京津冀体育产业工作联席会议制度。

以上合作项目的确立标志着京津冀体育产业的协同发展走向了实质性的道路，从而为区域休闲体育产业一体化发展奠定了良好的基础和创建了优良的环境。

然而，因为京津冀三地经济发展水平的差异，导致三地休闲体育产业的发展程度和产业结构也存在差距，在京津冀区域体育产业协同发展中，河北省产业功能缺位现象严重。

## （一）休闲体育产业发展程度的差距

京津冀三地休闲体育产业的发展程度存在一定的差距，表现如下：

首先，北京作为我国首都，重点开发高端体育赛事，发展体育传媒产业和新兴体育产业，发展程度较高。

其次，天津作为直辖市，经济发展水平高，体育产业的业务范围较广，除了重点开发滨海休闲体育产业外，在国际性体育会展、商务上也有很大的发展，发展程度同样比较高。

第三，河北是我国的资源大省，地理资源和人文资源丰厚，所以体育旅游产业和休闲产业发展较好，但因为经济水平不及京津两地，所以体育产业发展程度相对较低。

作为地区中心城市，北京与天津拥有发展程度高、发育成熟的自我本体产业，也拥有丰富的体育人才资源和较为完备的场馆设施，同时体育发展体制也比较健全，这些都是京津两地发展体育产业的内在优势。基于此，在京津冀区域体育产业一体化发展中奠定了北京与天津的主导地位，同时通过带动与辐射而积极影响河北体育产业的发展。

此外，北京与天津人口密度高、资金流动量大，但地域面积较小，这就构成了尖锐的矛盾，影响了体育产业资源的合理流动，这是京津两地体育消费价格偏高的主要原因之一。也正是因为这个原因，河北以地处京津交界的地理区位优势而迎来了良好的发展机遇，河北抓住机遇对中低端体育产业项目优先发展，开发的体育产品与服务具有质优价廉的优势，能够拉动京津地区体育实体产业的发展，也能使京津冀广大群众的常规体育消费需求得到满足，随着河北体育市场的不断扩大与成熟，北京与天津会对此产生一定程度的依赖。

总之，京津冀三地要明确各自的定位与优势，构建区域差异协同的休闲体育产业协作模式，实施以北京为中心，以天津为副中心，以河北为腹地的协同发展战略。

## （二）体育产业结构的差异

当前，北京市休闲体育产业的发展达到了一定的水平，休闲体育市场初具规模，体育健身休闲企业数量较多，这些企业的发展呈现出多业态趋势，北京居民的消费需求得到了极大的满足，初具规模与特色的休闲体育产业圈逐渐形成。此外，北京休闲体育用品业、休闲体育娱乐产业等形式丰富的休闲体育产业项目也以较快的速度发展，但是关于体育产品制造业的发展不是很乐观，而且北京虽然有丰富的体育场馆设施资源，但体育赛事产业的发展却没有达到预期，导致了体育场馆设施资源的浪费。

天津休闲体育产业发展在布局上主要开发大型体育赛事，发展体育用品制造业，随着一些国内外大型体育赛事在天津的成功举办，也成功带动了体育用品制造业的发展，但缺少这方面的龙头企业和有影响力的知名品牌。尽管天津拥有发展休闲体育产业的良好硬件条件，但发展实践中缺乏创新，发展态势上不能够满足消费者需求。

作为资源大省的河北人文地理条件较好，自然资源丰厚，为发展休闲体育产业提供了得天独厚的优良条件，河北地区依托丰富的体育资源开发了一些中低端休闲体育产业项目。然而，和北京与天津两地相比，河北地区经济发展水平相对较低，人均消费水平也有一定的差距，因此休闲体育产业开发潜力较弱，开发程度较低，存在诸多不足之处。其实河北本身有自己的休闲体育文化品牌，如著名的崇礼国际滑雪节、沧州国际武术节、保定空竹艺术节等，这些品牌的影响力很大，吸引了大量的旅游爱好者和体育消费者。但是这些品牌的前瞻性不足，还不具备高端体育产业的属性，产品质量有待提高，主要原因还是与河北地区的经济发展水平有关。

# 三、京津冀休闲体育产业一体化发展路径探索

## （一）完善休闲体育发展的市场运行机制

良好的市场运行机制，是京津冀休闲体育协作区良性发展的可靠保障。

首先，京津冀三个地区的地区发展差异是客观存在的。在建立休闲体育协作区时，我们必须正确面对这些差异，针对这些差异来制定合理的发展机制。必须要有明确的市场竞争机制，利用三个地区的发展差异，明确不同地区的分工。既然存在地区差异，在建设休闲体育的时候就要有不同的侧重，根据这些重心使不同的区域间形成必要的梯度，以实现这些区域间的休闲体育相互依存、共同发展，为各地区带来利润。科学合理的市场竞争机制，有利于建立一种公平、公正的发展环境，促进各地区共同发展。

其次，要弱化各地区的行政管理作用。由于各地区在行政管理上处于不同的格局，而在休闲体育的协作区中又作为一个整体，所以，行政管理的作用要在休闲体育协作区中被弱化，否则会影响休闲体育的整体发展。换句话说，就是行政管理要配合休闲体育协作区的发展，平衡各个行政区划的功能，实现公平、自由发展。各地的政府要实现宏观的调控，配合休闲体育的发展。

## （二）发挥区位优势，充分利用三地优势资源

区域体育一体化的发展中，通过人才、交通、物流、通讯、资源、公共服务等方面的合作交流，促进三地休闲体育产业一体化的实现。优化休闲体育产业布局，合理配置休闲体育资源，因地制宜地发展休闲体育产业，利用自身的地理资源和人文资源，着力推出游艇、游钓、游船、冲浪、滑翔伞、帆船、摩托艇、沙滩排球、沙滩足球等富有滨海特色、新奇、参与性强的项目，与京津冀其他地区形成优势互补，打造出符合市场规律、具有市场竞争力的休闲体育产业基地，壮大京津冀休闲体育产业集群，增加居民喜欢的休闲体育项目的场地设施的建设，满足居民不断增长的休闲体育的需求，形成

京津冀休闲体育产业良性的互动发展格局。

## （三）建立健全休闲体育产业一体化发展的协调机制

休闲体育产业一体化发展的协调机制主要包括利益协调与信息协调两个方面的内容。

### 1.利益协调机制

京津冀休闲体育规划区包括北京、天津与河北三个地区，从行政区划的角度而言，三地的地区管辖是相对独立的，分属的格局是不同的。所以在合作发展中往往会出现对各自利益更加注重的现象，从而容易发生利益冲突的问题。而且在地方政策上的实施中有时会出现明显的地方保护性行为，从而在一定程度上阻碍了京津冀区域休闲体育产业的协同发展。为解决现实中的利益冲突问题，必须建立相关协调机制，发挥协调机制的作用来保护各方利益，并实现集体发展的目标。

构建休闲体育产业协同发展的利益协调机制，关键要做好以下两个方面的工作。

（1）建立互惠互利的合作环境

在京津冀休闲体育协作区内构建协同发展的政策体系，就要防止政策的偏差，以免让某个地区因认为政策不公平而产生抵触心理，而且如果协作区的政策缺乏公平性、公正性，那么各地区就会制定以保护自身利益为主的地方性政策，并对其他地区的利益产生排斥心理。可见，要合作共赢，首先要建立公平公正的合作环境，在合作中互惠互利，实现共赢目标。

（2）借鉴国外管理方式，建立休闲体育协作区基金会

欧美国家在休闲体育产业集群发展中采取了建立协作区基金会的方式来促进合作与协同发展。我国可以借鉴这一方式，建立京津冀休闲体育协作区基金会，三地根据自身休闲体育产业收入水平将一定比例的预留资金提交到基金会中，京津冀区域休闲体育的协同发展中将这些基金作为发展资金，具体可以根据三地的休闲体育发展速度、人均消费水平、人口比例等实际情况进行合理分配，完善区域利益补偿机制，使京津冀休闲体育产业的一体化发

展更有保障，这样有利于实现区域休闲体育产业协同发展的长远利益，避免各地区只将目光放在短期利益上。

### 2.信息协调机制

信息协调机制是京津冀休闲体育产业一体化建设与发展的重要纽带，构建信息协调机制要重点落实对信息共享平台的建立以及网络无障碍休闲体育模式。

（1）建立信息共享平台

京津冀休闲体育产业的一体化发展中，信息资源共享是一个必不可少的发展手段，及时捕捉重要信息，分析讨论协作区的相关信息，在共享平台上分享有价值的信息资源，使重要的信息在协作区内发挥最大的作用与价值，这样才能真正地将协作区体育产业作为一个整体，实现三地休闲体育产业的无缝合作。

（2）建立网络无障碍休闲体育模式

京津冀在休闲体育协作区的构建与完善中，可以尝试构建网络无障碍休闲体育模式，利用现代信息网络技术公布三地各自的休闲体育发展情况和重大工程开发情况，方便三地随时获取重要信息，也方便三地根据区域实际情况调整发展战略。

## （四）大力开发休闲体育产品和服务，拉动休闲体育消费

发展京津冀区域休闲体育产业，关键要为消费者提供优质的休闲体育产品和服务。在京津冀休闲体育产业化程度较低的今天，从休闲体育产品与服务的供给着手来改善休闲体育产业发展现状是非常可行的。随着人民群众生活水平的不断提高，他们对休闲体育产品和服务的需求也越来越多，高层次需求也不断增长，所以必须对休闲体育产品与服务的质量进行改进，提升休闲体育产业的整体水平，并不断优化休闲体育产业消费结构，在休闲体育基础用品业稳步发展的同时推进休闲体育健身培训、休闲体育赛事等行业的市场化发展，并积极做到以下几点：

第一，加速开发休闲体育项目，对休闲体育市场潜力进行深入挖掘。

第二，加强对休闲体育用品业、体育服务业及相关产业结构的进一步优化，不断推陈出新，利用现代科技资源开发对大众有更强吸引力的优质休闲体育产品和服务。

第三，大力发展体育用品制造业，发挥京津冀科技优势，生产科技含量高的体育用品，推动休闲体育用品的优化升级，进而带动休闲体育市场消费的不断升级。

## （五）打造休闲体育赛事，促进新兴休闲体育的发展

在京津冀休闲体育产业的一体化发展过程中，要重点开发休闲体育赛事，为群众呈现精彩有趣的体育赛事，使群众通过观赏比赛而产生良好的休闲体验，对休闲体育的魅力有更加深刻的感受与体验。与此同时，要不断完善休闲体育娱乐健身场地，建设休闲娱乐体育俱乐部，开发体验型休闲体育服务和观赏型体育项目，将休闲体育产业的多项目、多形式结合起来，并依托各地资源优势开发新兴休闲体育运动项目，如空中运动、水上运动以及一些极限类运动，满足人们的健身娱乐需求，满足不同消费阶层的需求，为其参与休闲体育运动提供更多的选择与更大的空间。

总之，要推动京津冀休闲体育产业的协同发展和合作共赢，必须以休闲体育赛事产业为切入点，并不断开发休闲体育的新兴项目，刺激人们的消费欲望，满足人们的多元需求。

# 第五章　长三角区域体育产业一体化发展研究

　　长三角区域特指我国长江中下游地区，由于地处江海交汇地，自古是重要的运输枢纽中心，也是我国当代经济发展的核心区域，并且对全国的经济发展起到重要的带动和支撑作用。长三角区域主要包括上海、江苏、浙江等41个省市。长三角地区是中国特色社会主义经济建设历程中对外开放程度最高、创新驱动能力最强的地区之一，是我国坚定不移扩大对外开放与推动开放型世界经济建设进程中的"桥头堡"。对长三角区域的体育产业研究，是全面发展我国体育产业的重要准备。2020年8月22日，习近平总书记主持推进长三角一体化发展座谈会，并在会上明确指出，紧扣一体化和高质量抓好重点工作，推动长三角一体化发展不断取得成效。同年10月，国家体育总局印发《长三角地区体育一体化高质量发展的若干意见》，将长三角体育产业一体化发展列为地区产业发展的主要内容与经济发展的特别典范之一。

　　体育产业一体化发展不仅是长三角地区全面发展的核心之一，也是国家赋予长三角地区体育产业发展的重要任务，已成为"后疫情"时代国家经济发展的重要内容与支撑。本章将从长三角区域体育产业一体化的理论与发展基础、长三角区域体育产业一体化发展的现状分析、长三角区域体育产业结构的优化、长三角区域体育产业一体化发展策略研究以及长三角休闲体育产业的一体化发展五个方面展开研究。

# 第一节　长三角区域体育产业一体化的理论与发展基础

2019年8月，国务院办公厅正式印发了《体育强国建设纲要》，首次从国家政策层面提出，"到2035年，体育产业成为国民经济支柱性产业"的战略目标。至此，我国体育产业迎来快速发展的时期，并且体育产值每年呈上升的趋势，体现出良好的增长性。由此可见，体育产业已经逐渐成长为我国国民经济的重要经济组成。因此，对我国体育产业一体化的理论研究工作，非常重要且迫切。

中国正处于从发展中大国向强国迈进的过程中，作为肩负着带动我国体育产业发展的艰巨任务的长三角地区，研究其体育产业一体化的理论具有重要的历史意义。

然而，我国的区域经济一体化经过半个多世纪的发展和实践，逐渐形成了一些理论体系和思想，尽管它们一直处于变动之中，但是对长三角体育产业一体化的发展具有重要的借鉴和指导价值。

## 一、共同市场理论

共同市场理论是国际经济一体化理论的基础理论之一，它在关税同盟和自由贸易区的理论思想上更进一步。在这一理论架构之上，要求成员体之间既要消除阻碍商品自由流动的障碍，也要消除束缚生产要素自由流动的壁垒，最终形成一个商品和生产要素自由流动的共同市场。当共同市场形成之后，将促进区内资源配置效应的提高，如商品的生产和流通效率都得到大幅度提升。同时，生产与贸易都得到不断的发展，由区域内向区域外扩张。共同市场理论的产生要追溯到1955年，在二战后得到广泛使用。

以论述国际区域经济一体化竞争效应的大市场理论逐步形成，其中的代表人物有西托夫斯基（T.Sei tovsky，1958）和德纽（J.F. Deniau，1962）。他们认为，"小市场"经济会出现"恶性循环"，但是如果将独立分割的"小市场"整合为一个统一的"大市场"，能够促进商品、要素自由流动，并且还能实现规模经济效益。

梁双陆等（2007）指出，共同市场理论已在欧盟得到验证，但是需要指出的是，这一理论的成功必须建立在关税同盟或自由贸易区的基础之上，且各个成员国的经济发展阶段与水平还要大体一致。如果彼此的经济水平过于悬殊，则很难实现。共同市场理论，以及由此发展起来的大市场理论，都是研究长三角区域体育产业一体化的重要理论依据。

按照共同市场理论的基本要求，首先需要明确或者发展长三角地区各个"小市场"的角色和定位，然后再将这些相对分割的体育市场统一为一个体育产业大市场，从而让商品和要素进行充分的流动，使各种体育资源在长三角这一个更大的市场内，发挥出更大的资源配置效应，使规模经济得到实现，完成区域体育一体化的转变。长三角体育产业的一体化发展一旦成功实现，必然会产生强大的带动作用，这一模式将在全国形成示范效应，为其他地区的体育产业发展指出方向，给出方法。

仔细分析长三角地区的体育产业一体化发展，还应该看到长三角地区不光是社会经济，其体育产业发展的阶段与水平都相对一致，整体上具备一体化发展的客观条件，为协同发展创造了可能性。同时，长三角地区体育产业共同市场的建立，是在我国几十年市场化改革摸索与实践中建立起来的，再加上互联网经济的强势发展，也为长三角体育产业一体化进程创造了优势条件。当前的主要障碍，主要表现在体育产权市场和体育要素市场还不够协调，这也是加快推进长三角体育产业一体化的重要诱因。

## 二、新制度经济学理论

新制度经济学是由诺贝尔经济学奖获得者科斯在1937年创立，在科斯本人及威廉姆森、张五常、德姆塞茨、阿尔钦和诺思等研究者的推动下所完善的一个重要经济学理论，它以产权和制度为主要研究对象。

新制度经济学理论的思想，强调制度在现实经济活动中的重要性，认为任何经济活动都有交易成本，如果不存在交易成本，资源的利用都是有效率的，而制度就是为了降低交易费用而存在，为促进市场运作与经济增长创造有利条件。

20世纪80年代末新制度经济学理论被引入中国，为中国的经济改革和发展提供了重要的理论和方法指导。就区域经济一体化而言，新制度经济学的理论有效揭示了区域经济一体化的本质及其形成动因，由于市场的内在缺陷而引致的制度变迁，属于一种由国家行为为主导的强制性规定。新制度经济学理论认为市场存在一些失灵的现象，是不完全市场，一方面是由于国家或地区间市场分割，每个市场所采取的限制政策不同，于是造成了整体的结构性市场失灵，这些限制性政策无形中制造了跨区域经济活动的障碍，提高了交易成本。另一方面，随着生产力的提升，生产要素也日益形成专用性特征，这在一定程度上增加了生产要素跨行业流动的阻力，增加了生产要素跨行业转换的成本。换一个角度来看，这些阻力实际上也指出了隐藏的利润来源，即如果通过制度的创新而破除以上阻力，那么就会更有效地协调生活，降低交易成本，从而促进经济的更好增长。这就是区域经济一体化组织出现的根本动因，即市场的结构性失灵所引起的任何可能的潜在利润。

这些潜在的利润是巨大的，但是单纯依靠市场自身的力量，或者对现有制度的边际调整是不可能实现的，必须依靠一种新的制度，即区域经济一体化来完成。在长三角区域发展体育产业一体化的过程中，新制度经济学理论的观点也起到了重要的指导作用。

# 三、新经济地理学理论

新经济地理学又称作"空间经济学"，是从地理结构和空间分布两个方面解析经济活动的一种理论学说，被学界视为国际区域经济一体化理论的新发展。

20世纪80年代末开始，新经济地理学改变了传统的经济地理学的完全竞争市场结构假设，将规模经济、不完全竞争和报酬递增相结合，并考察了产业集聚、城市体系以及国际贸易的形成机理，因此，新经济地理学理论对区域体育产业一体化具有重要的指导作用。

理解新经济地理学理论，可以根据"一条主线""四个命题""四种工具"和"三个模型"的思路逐步展开。

一条主线是指，经济发展空间是围绕一条主线并存在多重均衡的系统；"四个命题"包括运输成本、报酬递增、空间集聚和路径依赖。另外"四种工具"和"三个模型"对我们的体育产业一体化不是很适用，因此只要简单了解一下即可。

新经济地理学理论提出以来，解释了经济全球化、区域化以及城市化发展等多种经济现象。尤其是对于大国的经济发展规划具有重要意义，对于帮助我们理解欧盟经济共同体的运行也起到不可替代的作用。新经济地理学理论是在传统理论上的发展。

传统理论认为，区域经济一体化会带来更大的市场空间，以平衡一体化以前存在的产业专业化生产的规模经济与多样化消费之间的冲突。同时，一体化还会降低运输成本。对于生产制造业而言，每年在物流运输方面会花费巨额成本，但是随着一体化的推进，这部分成本将显著下降，一下子节省了开支，为企业增加了更多利润。

新经济地理学指出，集聚经济在循环累积因果效应下，会逐渐形成核心-边缘结构，这种结构一旦形成就会发生自我强化效应，即发生强者愈强、弱者愈弱的"马太效应"。那么也就意味着非中心区域的产业发展将受到制约，生活在那里的人们将很难跨越限制，其就业机会、产业份额、成长机会等都会受到抑制，而且这种抑制将是长期的、多方面存在的。总之，不平衡发展仍将是区域经济发展的常态。

随着新经济地理学理论的发展，研究者们发现，核心–边缘结构的理论预测，也不完全符合经济活动在地理空间的真实演化路径。原因在于以核心–边缘结构为主要模式的"标准新经济地理学"，似乎忽视了一个非常重要的因素，技术的外部性，他们将新经济地理学的研究局限在经济主体的市场行为和市场的一体化。而"扩展的新经济地理学理论"指出，一体化也是一种制度安排，它不仅指经济空间格局，也是对社会、生态与环境空间的重新架构，由此会产生新的变量和影响。在这个空间架构里，既存在居民、企业和政府三者间的相互作用，也存在经济因素与生态变量、环境变量之间的相互影响，这些变量在很多情形下主要通过技术外部效应影响经济变量及其空间分布。由于技术外部性的存在，让标准的核心–边缘结构很难在现实世界里形成。

总之，新经济地理经济学理论为体育产业一体化提供了可靠的理论依据，为长三角地区体育产业的持续发展提供了有力的理论支持。

# 第二节　长三角区域体育产业一体化发展的现状分析

长三角地区体育产业协作实践较早，因此体育产业发展成果较为可观，具体表现为体育产业一体化逐步引向深入、产业规模快速增长、贡献率不断提升。实际上，从2012年开始长三角区域就进行区域协作的实践尝试，并且从原来以上海、浙江、江苏为中心扩充到包括安徽等更大的区域范围。为强化区域体育产业科研成果，提供更多产业创新力量，特成立了长三角体育一体化研究中心，其为区域体育产业发展提供强大智库。为加快区域内体育竞赛协作，初步构建长三角体育竞赛联盟，在机构设定、职能分配上达成共识。通过创新合作模式、搭建交流平台，长三角地区体育管理模式初步形成。

# 一、长三角区域体育产业一体化的发展历程

长三角地区是我国经济发展最活跃、开放程度最高、创新能力最强的区域之一，体育产业发展一直走在全国前列。从 1982 年长三角经济圈的提出到 2019 年长三角区域一体化国家战略的确立，长三角区域一体化水平不断提升。在此背景下，长三角地区成为国内最早开展体育产业协同联动和一体化发展的地区之一，早在 2012 年就积极探索区域体育产业协同发展的道路。随着长三角体育产业联动发展正式纳入《长江三角洲区域一体化发展规划纲要》，标志着长三角体育产业的一体化发展由地方行动上升为国家意志，迈入新的历史发展阶段。概括而言，长三角区域体育产业一体化发展主要经历了以下三个阶段。

## （一）正式启动阶段（2012—2013）

面对长三角区域经济一体化发展浪潮，为贯彻落实国家有关政策文件精神、着力推动长三角体育产业联动发展，2012 年，江浙沪两省一市体育局就长三角体育产业联动发展达成了合作共识、建立了协作机制，并于年末在上海成功召开首次长三角体育产业协作会议。以此为标志，长三角体育产业一体化发展正式启动。2013 年，长三角体育产业协作会议吸纳上海体育学院加入，形成了"两省一市一院"的基本合作框架，四方共同签订了合作协议，明确了合作宗旨、原则、机制和具体内容，并最终达成以项目合作为抓手的区域体育产业一体化发展的务实工作思路。

## （二）不断拓展阶段（2014—2017）

2014 年，随着安徽省体育局正式加入，长三角体育产业一体化发展的合作框架进一步完善，形成了与当前长三角地理空间完全一致的"三省一市一院"的稳定合作框架。同年，江浙沪二省一市一体育局以及上海体育学院共同签署了新一轮《长三角地区体育产业协作协议》（2016 年安徽省正式加

入该协议）。在该协议框架下，2015 年，各方确立了以联席会议制度为核心的长三角体育产业一体化发展的合作机制。

2016 年，"三省一市一院"共同签署《长三角地区体育旅游合作纲要》，联合推介长三角体育旅游项目和精品旅游线路。2017 年，推动长三角 10 家国有体育产业集团组建全国首个体育产业联盟——长三角体育产业集团联盟，并签署了《长三角体育产业集团联盟协议》。总体而言，以合作框架的完善为标志与特征，长三角区域体育产业一体化发展向纵深推进。

### （三）国家战略加持阶段（2018年至今）

2018 年 6 月，长三角体育产业联动发展成功纳入《长三角地区一体化发展三年行动计划（2018—2020年）》；同年 9 月，顺利召开以落实该行动计划为宗旨的"长三角地区体育产业一体化发展推进会"，审议并原则上同意了多项切实可行的体育产业一体化项目。

2019 年 12 月，为全面落实总书记关于"支持长江三角洲区域一体化发展并上升为国家战略"的决策部署，国务院批准并发布了《长江三角洲区域一体化发展规划纲要》，首次将体育产业联动发展纳入该类规划纲要的核心框架。以此为标志，长三角体育产业一体化的发展格局呈现出国家意志、战略统筹的特点，迈入一体化发展的新阶段。提高一体化发展质量成为今后一段时期长三角区域体育产业发展的核心诉求。

## 二、长三角区域体育产业的结构现状

长三角地区体育产业结构，主要是以体育服务业为主的第三产业，以体育制造业和体育建筑业为主的第二产业形成的产业集聚区。尽管已经初具规模，但在很多层面与世界体育发达国家相比，还存在着相当大的差距。产业之间的协同作用还非常微弱，没有形成强有力的支撑关系。因此，容易受到外界经济波动的影响，而且发展起来也暴露出后劲不足的弊端。

依据体育产业结构演进的规律，以及世界体育发展现状来看，发达国家的体育产业结构基本处于优化状态，其体育产业结构比例健康且稳定，每个业态的发展都趋于成熟，彼此间形成有力的纽带，整体上基本完成了由体育制造业为主的第二产业向以体育服务业为主的第三产业转变。例如，英国的体育服务业占比高达86.97%，西班牙的体育服务业占比则为71.54%，纵观发达国家的体育产业结构可以发现，以服务业为主导的体育产业是主要形态，体育产业软化程度较高。而相比较之下，我们国家还远远不够，需要加快未来发展的步伐。

## （一）长三角区域的体育服务业

长三角地区依托强劲的区域经济基础，在推进区域体育一体化的过程中具有许多先发优势。体育服务业是体育产业发展的核心动力，长三角地区在起步之初就牢牢抓住这一要点。尤其在体育竞赛表演、健身休闲、场馆服务等业态方面，取得骄人的成绩，而这些业态正是推动体育服务业的重要引擎。发达国家的体育服务业产业链较长，服务产品丰富，品牌效应集聚，市场相对成熟。

长三角地区体育服务业、体育制造业和体育建筑业等都有不同程度的发展，整体看来，布局合理，比例科学，具有较好的发展前景。有数据显示，2016年体育服务业同比增长25%，增速较快；2017年长三角地区体育服务业增加值达1537.11亿元。[①]

总之，长三角地区体育服务业发展较快，表明区域体育服务需求较大，能够满足国内外多种体育需要，同时社会资源更多地向服务业靠拢，借助区位优势吸引更多外商投资，进而持续加快体育服务业发展，由此形成良性循环。

---

① 王佳玉.长三角地区体育产业结构优化路径研究[D].蚌埠：安徽财经大学，2020.

## （二）长三角区域的体育制造业

在体育服务业高速发展的同时，体育制造业也在默默地生长，尽管发展范畴较小，但整体产值却不容小觑。包括体育场馆设备、体育健身器材、运动康复器材、运动饮料及营养品、运动休闲车、运动鞋帽服装、球类等有关体育运动的器材制造，主要属于国民经济的第二产业。

### 1.服装鞋帽等制造业

长三角地区的制造业本来就在我国国民经济中占有重要的地位，因此长三角地区的体育制造业也占有一定的先天优势。在全国范围内拥有重要地位，其主要特点为体育制造业的产品种类丰富，包含较长的体育产业链条，而且企业的规模普遍较大，也是长三角的资本优势，尤其地区经济发展强势，带动体育制造业起步较高，发展较快。

但是，必须承认的是，长三角地区的体育服装鞋帽的制造业，受国外品牌的影响较大，具有一定的附属性和跟随性。因此，要想发展我国的体育制造业，还需加快制造技术的创新，加大自主研发的力度，培养更多的体育制造业人才，以掌握核心技术的方式同国际市场进行竞争。长三角地区体育制造业的发展优势在于，可以吸引外资的大量投入，便利的交通网络，贸易系统发达，这些都是保障长三角地区体育制造业长期强势发展的有利条件。

### 2.体育建筑业

体育建筑业是指为满足体育活动的需要进行的体育场馆建设、体育户外场地建设、场馆场地维修等一系列产业形态。从体育产业发展来看，体育建筑业总体占比都不高，体育建筑业的增长依赖于体育场馆、运动场地的增加，只有体育场馆服务、健身休闲的消费需求不断提升，体育建筑业才能获得较大的增长。

# 三、长三角区域体育产业的分工特点

长三角体育产业整体来说发展较为均衡，产值呈现逐年提升的态势。其中又以江苏省发展最为突出，其体育服务业、制造业及体育建筑业增加值都领先于其他三地。上海市的体育产业总体规模略低于江苏省，产业结构主要以体育服务业为主导。浙江省体育服务业和体育制造业占比相对于安徽省来说，整体发展较弱，产业结构中体育制造业占比较大。

## （一）上海市的体育产业

上海市作为中国最具代表性的国际化都市，拥有丰富、成熟的产业链，坐拥多方面的重要资源，如交通、文化、人才、经济等都令其他地区望尘莫及。上海的城市服务业发达，各个产业的服务水平都十分成熟，在发展体育服务业的时候，明显比其他地方发展更快。因此，上海的体育服务产品丰富，能够提供较高的服务质量。有数据表明，2015年上海市体育服务业增加值为276.09亿元，占体育产业比值的78.61%，这一数据不仅在长三角地区遥遥领先，甚至逼近世界体育产业发达国家的英国和西班牙的成绩。2017年，上海的体育服务业增加值384.01亿元，占体育产业的81.66%。体育制造业增加值较低，并且增幅较缓，2015年上海市体育制造业增加值为71.25亿元，2016年仅增长了0.91亿元。[①]

由此可见，上海市体育产业结构软化程度较高，基本与体育发达国家水平相一致。

## （二）浙江省体育产业特点

从产业结构看，浙江省体育服务业和体育制造业占比相当，差距不明

---

① 王佳玉.长三角地区体育产业结构优化路径研究[D].蚌埠：安徽财经大学，2020.

显，体育产业结构软化程度较低。这是未来发展需要重点调整的方向。有数据显示，2015年，浙江省体育服务业增加值占体育产业比重为50.07%，体育制造业占比49.22%，体育服务业还处于初步发展阶段，其规模较小，且还并不完善。实际上，以杭州为中心的体育业态群具有较强的发展潜力，杭州作为浙江的省会城市，其整体势能较强，在各方面的实力都不输上海，因此，只要方法和目标正确，很快就会交出漂亮的成绩单；2016年，体育服务业占比上升，为51.65%，体育制造业占比47.32%，变化较小；2017年体育服务业占比54.98%，体育制造业占比44.00%，开始有较大的差距。[①]从浙江省体育产业结构发展看，体育服务业占比上升较为缓慢，体育制造业占比较高，对整体结构影响不大，仍有较大的优化空间。

## （三）江苏省体育产业特点

江苏省体育产业总体规模较大，从产业结构分布看，体育服务业占比较大，高于浙江，但还未达到较高的软化程度。据有关数据显示，2015年江苏省体育服务业增加值为466.71亿元，体育产业占比53.05%，体育制造业增加值为402.49，占比45.75%，同体育服务业占比差距不大；2016年，江苏省体育服务业增加值突破千亿，达到1049.54亿元，体育产业占比56.14%，同体育制造业的差距逐渐拉大；2017年，江苏省体育服务业增加值为1219.58亿元，增速为16.20%，占比为58.39%。[②]

由此可见，江苏省体育产业发展较快，尤其是体育服务业的发展，这两年逐渐显示出持续的发展动力，成绩亮眼。不足的是体育服务业和体育制造业的占比差距不大，体育产业结构软化程度低于上海市。

---

① 王佳玉.长三角地区体育产业结构优化路径研究[D].蚌埠：安徽财经大学，2020.
② 同上.

### （四）安徽省体育产业特点

安徽省体育产业规模较小，低于上海、江苏、浙江。从产业结构看，体育制造业占比较大。2015年安徽省体育服务业增加值为52.26亿元，体育产业占比为44.08%，体育制造业为61.34亿元，占比达51.74%。2016年体育服务业和制造业均有所提升，但体育制造业占比仍超过50%。2017年体育服务业增加114.63亿元，占比44.54%。整体来看，安徽省体育产业结构失衡较明显，未完成体育制造业向体育服务业的转变。[①]

## 四、长三角区域体育产业一体化存在的问题

长三角区域作为中国经济发展的头部区域，在产业发展方面具有许多先发优势，不仅积累了坚实的资本基础，更重要的是总结了前期的成功经验，因此在发展体育产业一体化时，应该具有较强的优势，然而实际情况却并非如此简单，还有很多问题需要解决。

### （一）各地体育产业发展模式存在差异

长三角区域内各地的产业发展模式各具特色和优势，体育产业发展中存在体制、区域和发展模式等方面的差异，各地体育产业的发展还是以自身为主，虽然有体育行政部门间的合作平台，但是参与的主体不够多元，合作不够深入，进而制约了长三角各地体育产业的深度合作与长远发展。

---

① 王佳玉.长三角地区体育产业结构优化路径研究[D].蚌埠：安徽财经大学，2020.

## （二）地区间体育产业发展不平衡

现阶段长三角区域体育产业发展失衡现象依然存在，"三省一市"体育产业总规模差距明显，安徽省体育产业总量与江苏、浙江、上海相距甚远；各地区体育市场的活力、动力大相径庭，江苏、浙江拥有体育企业的数量远远超过安徽。地区间体育产业发展不均衡、产业内部发展不充分而造成的矛盾，对长三角体育产业快速、深入融合将造成极大的影响和阻力。

## （三）各地体育产业结构趋同

长三角区域内各个地区的产业结构布局受到各辖区现有壁垒的约束，无法改变趋同的产业结构。从现有的情况来看，体育竞赛表演业、运动休闲业、体育场馆服务业、体育培训业等行业均是各地的重点发展产业。此外，体育用品制造业也是浙江和江苏两省的重要发展行业，浙江和江苏的制造业比较发达，而且成本较上海要低，而上海主要在资本技术类产业有比较优势，能够为浙江和江苏提供技术、人力资源和其他方面的服务。由此可见，区域内各地体育产业相似度较高。

# 第三节　长三角区域体育产业结构的优化

## 一、长三角地区体育服务业的优化

近年来，长三角地区体育产业结构分布中，体育服务业得到较快的发展，2015年体育服务业占体育产业增加值比重为56.65%，2016年进一步达到58.02%，2017年略超过60%。相比体育服务业占比逐年上升的态势，分布在第二产业的体育制造业和体育建筑业占体育产业的比重逐年下降，从2015年的43.35%下降到2016年的41.98%，2017年进一步降至39.50%。[①]整体来看，长三角地区体育产业结构具有从第二产业向第三产业转移的态势，这也符合产业结构优化的发展方向。但与发达国家相比，长三角地区体育产业结构仍有较大的优化空间。

从体育产业结构演进规律来看，软化、高级化和合理化是优化趋势。从世界体育产业发展实践来看，发达国家的体育产业结构更趋于优化状态，具体表现为体育产业内部结构比例相对稳定，各业态发展相对成熟，基本完成了由体育制造业为主的第二产业向以体育服务业为主的第三产业转变。体育服务业在整个体育产业中占比较高，且对国民经济有较大的影响。英国的体育服务业占比达86.97%，占据体育产业的绝对主导地位，占比最低的西班牙也有71.54%，纵观发达国家的体育产业结构可以发现，以服务业为主导的体育产业是主要形态，体育产业软化程度较高。[②]

## 二、长三角地区体育制造业的优化

长三角地区体育制造业的优化，需要从以下三个方面进行。

### （一）国家战略布局与分工调整

区域经济发展需要国家的整体规划和意见指导。通过全局分析比较长三角地区的体育制造业的分布特点，以及各自的优劣势条件，国家进行整体布局，战略调整，形成各个区域优势互补的局面，发挥协同作用。总之，通过结构性调整，能加快我国体育产业一体化进程，而且显著提升发

---

① 王佳玉.长三角地区体育产业结构优化路径研究[D].蚌埠：安徽财经大学，2020.
② 同上.

展效率，每个地区集中资源突出发展自身的长处，逐步形成良性的规模效应。

## （二）各区域集中力量提升质量

在分工明细的基础上，各个区域确定自身的发展任务，集中自身优势资源，从最初的野蛮生长阶段，向着质的突破方向发展。制造业只有提升生产质量，加强自身实力，才能带来规模性发展，与其他地区形成强有力的上下游产业支持，整体提升我国的体育产业制造业水平。

总之，长三角地区的制造业优化，可以概括为通过不断优化体育产业结构、发挥各地区优势以及不断提升制造业实力来实现区域优势，最终形成具有长三角地区特色的制造业经济地带。

## （三）产业转型升级

长三角地区体育制造业的优化发展离不开创新，创新可以驱动体育制造业的产业价值链升级、技术创新和产业结构升级，是长三角地区体育制造业发展的必然选择。体育与科技的融合发展能够推进体育产品智能化和生产智能化，为体育消费者提供更加便捷、轻松、愉快的运动体验，同时也为体育用品制造业的发展开辟新的发展领域。现阶段，为推动长三角地区体育制造业的进一步发展，需要树立低碳经济、集约型产业理念，将大数据、云计算、人工智能等现代科技应用到体育制造业中，加速智能体育用品的研发和生产过程的智能化，为长三角体育制造业转型升级提供新动力。

# 第四节　长三角区域体育产业一体化发展策略研究

长三角体育产业区域间的交流与合作正从低级无序向多领域、深层次、有序的状态发展，在这一动态变迁的过渡阶段，合理构建体育产业协同发展的机制至关重要，通过对系统内各构成要素及系统外部环境的支持和干预，以此加快长三角体育产业区域协同发展的步伐。

## 一、构建区域协同发展的运行机制

完善的沟通与协调机制是区域之间展开良性合作与竞争的基础，长三角区域间的体育产业协同发展过程中会出现摩擦、信息不对称等多种问题，这时建立专门的跨区域沟通与协调机制，能有效缓解信息阻塞和沟通不及时所带来的问题，化解大部分矛盾与冲突，促进产业一体化的发展进程。

### （一）设立行政部门"联合体"

"联合体"的使命是在长三角地区建立一个具有较高权威、能量强大的综合性机构，从而改变原来各自分散、彼此隔离的状态。"联合体"的存在，可以很好地协调现有的各个管理部门，并形成双层政府管理体制，上下层职能分工明确，高效协调地区之间的多种体育事务。

需要指出的是，推进区域体育产业协同发展，要消除地方保护主义，通过"联合体"的协调作用，削减区域内过多的行政力量干预，建立自由平等的区域体育产业市场秩序，促进物资流、信息流、人才流在区域体育产业协同系统中的自由流动与合理配置，实现区域间体育产业的平等合作、互惠共赢。

### （二）激活社会中介组织的活力

区域经济发展属于市场经济范畴，应该积极鼓励社会力量的参与。不同区域之间的有效合作，需要通畅的联系机制和合理的组织协调机制。长三角地区地域面积较大，如果能够在各个城市、城镇之间建立有效的中介服务组织机构，可以显著激发各个区域的活力，消除阻碍区域间协同发展的各种问题。事实证明，设立一个专门的长三角区域体育产业协调与协作机构是解决问题的关键所在。市场越发达，分工越明细，因此，应积极成立职能化的组织协调机构，承担其统筹规划、联系沟通、信息联络等方面的工作，推动和引导区际体育产业全方位、多层次和高效益的全面合作，并建立有效的组织运行机制。

## 二、建立体育产业联合会议制度

由三地体育行政部门牵头，联合体育产业协同发展的各主体中的高端人才，召开体育产业协同发展的主题会议。主体会议不仅需要总结该年度长三角两省一市各个地区间的体育产业协同发展的状态及取得的成效，由各体育企业、高校（研究所）等高端人才和相关专家提出体育协同发展过程中存在的主要问题，并商讨解决对策。不同地区之间的相关企业可借此机会寻找有意向的合作伙伴。会议的议题还应涉及下一年度区域体育产业协同发展的目标，明确给出体育产业协同发展指导方案。

## 三、搭建利益协调沟通平台

建立一个除体育行政部门之外，并能够充分吸纳市场、公民和其他体育社会组织沟通与交流、参与决策的平台。通过横向与纵向互相联系的沟通平台的建立，给予体育行政部门、体育企业、体育社会组织等充分表达自己的利益诉求，以协调解决各方的利益纠纷。每个利益主体在平等协商的基础之上共同参与，相互之间还可以取长补短，相互学习与交流，形成优势互补，发挥合作的协同效应。

## 四、加强区域整体规划体系建设

区域体育产业协同发展是一种跨行政区的操作，在现有的行政管理体制和地方利益主义的约束条件下，区域体育产业的全局发展框架、各区域内体育产业的发展方向及各子行业的布局安排等方面，必须要有明确、指导性强并有一定约束力的行动方案。行动方案源于科学合理的规划，即在"超行政区"的范围内通盘考虑，进行统筹规划，并按协同发展条件对一些重点行业以及一些行政区内部的重点地区进行统筹规划，行动方案形成后，跨行政区组织协调机构、相关政府部门、各参与协同发展的行政区和有关专家学者等都应该成为主要的监督者，建立有效的监督体系，监督规划的实施。

## 五、构建体育产业行业自组织机制

### （一）行业协会充当的重要角色

在构建体育产业自组织机制的过程中，跨行政区组建体育行业协会是一个不可忽视的环节。行业协会可以突破行政地域的界限，省去跨省之间的交流协作的障碍，赋予体育产业区域协同发展的相应职能，引导不同地区的产业经营主体进行有序地联合、分工与合作，这实际上补充了政府和企业之间重要职能，实现规模经营推进区际之间的专业化分工协作，促使体育产业集群形成及其在地区上的合理布局，调节体育企业等市场经济活动主体的社会关系，为自己的服务对象创造良好的产业发展环境和条件，使之成为行业、体育社会组织与体育行政部门间沟通的桥梁和联结的纽带。

## （二）产业联盟打破地方行政干预

在区域体育一体化发展中，有一个较为明显的问题就是各个地方显性或隐形的行政干预，会阻碍跨区域的协同发展进程。因此，产业联盟的建立显得非常重要，通过产业联盟可以凝聚产业力量，在各个企业间和企业内部形成共识，搭建更具有建设性的空间结构，从而简化了原来烦琐的需要反复确认和沟通的工作。另外，产业联盟在与各个地区的政府沟通协商时，因为具备较为完整和可操作性的行动建议，因而也极大地提高了效率，避免了原来因沟通不畅而带来的行政干预问题。跨地区的体育产业联盟客观上可以起到跨地区协调的作用，成为一种客观存在的协调机制。

总之，通过垂直分工、内部控制和协调，同时通过建立跨区域体育企业联盟，广泛地推进体育企业内部化或者纵向一体化，能起到推动体育产业区际协同发展。在体育产业跨区域协同发展过程中，区际利益难以通过行政区的"行政性协调"，生产要素的流动难以通过行政区的"行政性方法"解决时，跨区域体育企业联盟的建立及运作将会起到很大作用。通过建立跨区域体育企业联盟，充分发挥体育企业联盟的引领性、创新性、平台性的组织特征，促使区域内体育资源共享互动，可以推动长三角体育产业区际协同发展。

## （三）鼓励区域间的自我协调

除了行业协会和企业联盟之外，区域间还需要发展更为灵活的自我协调能力。体育产业内不同产业间存在较大的区别，每个产业业态具有自身的独特性，因此，仅仅靠行业协会和企业联盟，还不能全面地照顾到每个企业的独特性，因此，进一步地细化沟通工作，区域间、业态间还需要发展出强大的自我协调能力。这样，双方都会更加积极主动地努力推进协作与协调进程，大大提高了协作效率，减少合作中的矛盾冲突。同时，区域间的自我协调，还能够促进和带动地区间的沟通和交流，使区域在其他方面的协作与协调变得更加顺畅。

## 六、构建区域内向协同的动力机制

各个区际的协同互动能够显著促进长三角体育产业的区域协同发展，即推进区域间体育产业协同发展能显著促进资源的有效配置、产业结构的优化。长三角区域体育产业协同运转尚在起步阶段，体育产业协同发展经验相对欠缺，建议借鉴国内外已有的区域协同发展为样本探索体制机制的创新，以指导体育产业的区域协同。强化长三角体育产业区域协同发展的内在机制，进行机制体制的创新，从制度上把握体育产业跨行政区划协同合作的突出问题与解决方法，从顶层设计上完善体育产业发展的政策体系，包含以下三个方面：

（1）统一市场的建设，让市场机制在资源配置中起决定性作用，包括金融市场、土地要素市场、技术和信息市场、人才市场等统一市场的建设，减少要素流动障碍。

（2）深化行政体制改革，推进政府职能转变，简政放权。进一步减少审批事项尤其是体育赛事方面，减少政府直接干预，避免功能过于集中。

（3）加快公共服务改革。转变政府提供公共体育服务的方式，消除行业垄断，鼓励民间资本进入公共体育服务领域，实现公共体育服务方式的市场选择和成本收益的优化，辅以政府购买的方式，有效监管市场。

区域间体育产业的发展资源及要素均存在一定的差异，其区域协同发展的内在机制取决于不同的协同路径，如果是空间分离、优势互补、产业关联的区域宜选择"飞地合作路径"，构建整合机制、协调机制、利益共享机制及动力机制，并通过激发各区域参与"飞地合作"的积极性以及完善"飞地合作"顺利推进的制度保障来实现体育产业协同发展；如果是由优势互补的"中心"与"腹地"构成、交通条件较好的区域则选择"腹地协同路径"，构建联动机制、协调机制及整合机制，并通过强化全局规划以及重视中心－腹地的错位发展来实现体育产业协同发展；如果自然区划归属相同、地缘关系历史背景深厚的省际毗邻边缘区宜选择"毗邻的共生路径"，构建动力机制、组织机制、整合机制及共赢机制，并通过协调推进全域资源统筹规划以及多渠道强化协同成果共享来实现体育产业协同发展。区域体育产业协同按各区域的比较优势科学选择差异化的实现路径，有助于强化长三角体育产业区域协同效应。

# 七、创新产业区域协同的绩效评估机制

为了鼓励和保证跨行政区的体育产业间的合作与协同发展应该建立与完善绩效评估机制。效绩评估不仅仅指的是对区际合作事项的最终效绩评估，而且应转变效绩评估方式和内容，应当在合作中对各个主体的各项投入指标和最终所得效益成果进行评估，为下一次区际是否进行合作提供理论指导。虽然以体育产业地区生产总值的增长为基础的晋升激励可以调动体育行政部门管理人员发展体育产业的积极性，但是，十九大提出的"高质量发展"理念，将不再以体育产业地区生产总值为重点，而是将资源的合理配置、产业结构的优化升级作为重点，那么区际体育产业的协同发展，统筹合理布局体育产业，谋划全局发展应成为绩效考核的标准。绩效的评估机制应包含以下几方面：

（1）各地体育行政部门及官员是否具有开放发展、区际合作与外界接轨的强烈意识和工作态度，其工作思路和方法是否适应开放发展和对外联合的要求。

（2）各地体育行政部门及官员能否做到合理有效地处理整体与局部的关系问题。即在区域的分工协作网络中，是否能科学合理地把握自身所处的位置与自身角色应起的作用，以及为其他地区发展所做的配合与协作。

（3）各地体育行政部门及官员在体育产业区域协同发展中，推动区域统一市场的形成、促进商品和要素自由流动所做的工作。

（4）在发展速度与发展效益同步，经济效益与社会效益兼顾等方面，是否有合理有效的安排及应有的成效。

# 第五节 长三角休闲体育产业的一体化发展

## 一、长三角休闲体育产业一体化面临的问题

如前所述，长三角体育产业一体化发展面临着发展落后的现实与高质量发展的新要求这一复杂交织的局面与挑战。因此，长三角体育产业一体化路径模式的选择，还要取决于当前以及未来一体化进程中所面临的主要障碍。这里，本节在文献回顾与梳理的基础上，结合专家访谈的结果，将长三角体育产业一体化发展的困境与障碍归结为以下三个方面。

### （一）外部环境的刚性约束

长三角体育产业一体化这类制度变迁之所以会形成，客观存在的行政区划造成的市场分割和地方保护主义等外部力量是重要原因。这些外部力量可以理解为长三角体育产业一体化发展的外部环境刚性约束。某种程度上说，长三角体育产业一体化发展过程就是与这些客观存在的刚性约束角力的过程。

长三角地区作为中国经济发展的头部区域，具有很多发展优势。无论是从雄厚的经济基础上，还是相对发达的产业方面，以及区域文化生态的一致性方面，都具有得天独厚的发展优势。长三角地区文化相融、经济相通，具有厚重的文化积淀，以及强劲的经济实力，然后在休闲体育产业发展过程中却遇到了问题。原因在于各省市间存在显性的制度变迁方式差异和隐性的文化差异，以及由此引起的观念分歧，成为制约长三角休闲体育产业一体化发展的重要阻力。

## （二）制度创新的现实瓶颈

从高质量发展的角度看，当前已经形成的长三角体育产业合作框架、合作机制等制度创新成果，在治理效能、制度性等方面尚待提升，而在某些关键环节也有待新的制度安排。

### 1.协同治理模式亟待完善

长三角体育产业协同治理模式还处于初级阶段，其协同模式整体表现为简单化和形式化的特点，基本上还是在政府体制内形成的"决策—协调—执行"的单一闭环形式。这基本上决定了长三角地区的体育产业协同还处于较为僵化的阶段，产业自身应有的活力还未被激活。因此，要想真正提高长三角体育产业协同治理的效率，需要将政府行为与市场作用相结合，激发企业更多地发挥出自生长的强大能量。

### 2.提升合作组织区域治理效能

作为主导长三角体育产业一体化发展的合作组织，肩负着重要的责任和使命，除了承担起沟通、协调的功能之外，还应大胆推进长三角地区体育产业的合作形式和渠道，创造更多的合作可能性，同时还应有效发挥出监督、激励、惩戒等治理职能。现在的情况是企业在区域内充满活力，但是一旦涉及跨行政区的事务，就表现得缩手缩脚，这将严重限制了产业间的互动与发展，也制约了创新的可能。

### 3.合作机制制度性不强

当前以"跨区域的协调领导小组和联席会议制度"为主要内容的长三角体育产业一体化合作机制，准确地讲是一种体育职能部门自发倡导的非制度性协调机制，很多合作共识的达成、决议的落实基本依靠领导人的承诺来保障，缺乏制度的强制性，一旦涉及实质性利益矛盾，作用将难以有效保证。

### 4.顶层设计尚未形成

这里所指的顶层设计，主要是指长三角体育产业一体化发展的统一政策和规划。政策在体育产业一体化发展中具有决定性的作用，无论是在结构、布局等方面都是不可替代的角色，并且对各个区域具有天然的向心力作用。如果政策具有不完善的地方，对区域内发展还不会有什么影响，但是会明显制约产业一体化的进程，面对未知领域，各个区域会优先发展区域内的市场，从而形成负面循环。为此，长三角体育产业高质量一体化发展亟待在这个关键环节上进行创新性制度安排。

## （三）符合时代发展的诉求

高质量发展已经成为新时代社会经济领域改革与发展的主要诉求点，我国体育产业发展的主线也逐渐演变到"提升发展质量和效益"上来。从高质量一体化发展的目标出发，长三角体育产业亟待以下方面的质量突破。

### 1.产品和要素流动便利化

产品和要素区域内无障碍流动是一体化的主要内容和基础所在，但长期囿于行政区划所导致的市场分割和地方保护，长三角地区在体育市场准入与监管、行业标准、资质认证等方面形成了不同程度的政策性壁垒。为此，实现体育产品和要素区域内流动的便利性就成为长三角体育产业高质量一体化发展的首要诉求。

### 2.规则制度法制化

长三角休闲体育产业发展过程中遇到的另一个问题是行政壁垒，要想实现生产要素、产品等在区域间无障碍地、自由地流动，还需要建立一系列规则与制度，促进一体化的顺利发展，指明清晰可行的操作路径，然而这一切都需要法律法规的保障。总之，长三角休闲体育产业一体化是一个长期过程，要想保障发展的健康、有序，必须在规则和制度的法治化建设上取得突破。这也是欧盟一体化发展的重要经验，值得我们学习和借鉴。

### 3.建设标准国际化

作为中国经济发展的头部区域，以及体育产业一体化尝试的先驱，长三角必须站在更高的位置，做出更为长远的发展战略。在加快高质量发展的同时，应具备国际化视野，借鉴国外先进的休闲体育产业发展模式，建立国际化标准，以更高标准的制度设计推动区域体育共同市场建设。

4.合作内容实质化

以合作项目作为推动一体化体制机制形成是欧盟发展的重要经验。长三角休闲体育产业一体化，相比较欧盟的一体化要简单得多，重点是要做到从实际情况出发，把工作落实到位，不能停留在抽象层面上。比如，体育要素与产权市场的培育、体育资源交易平台的搭建、重大赛事联动等关键领域要有切实计划和推进行动。务实、进取，是进行深度改革与合作，加快长三角休闲体育产业一体化发展的内在要求。

# 二、长三角休闲体育产业一体化的路径模式

从当前以及未来长三角体育产业一体化面临的主要障碍看，无论是外部环境的刚性约束还是时代发展的质量诉求，还是最为直接的制度创新的瓶颈制约，最根本的问题还是制度与体制因素。经过综合分析，长三角体育产业一体化目标路径模式的选择有三个方面的基础。

（1）要遵循长三角经济一体化变迁的基本规律。

（2）由于我国经济区域和行政区域的共存，长三角体育产业一体化发展应该形成市场与政府两种推动力量的合力。

（3）长三角体育产业一体化应努力推动实现产品和要素流动便利化、规则制度法治化、建设标准国际化和合作内容实质化。

长三角休闲体育产业一体化发展路径，既不是完全以市场为主导的模式，也不是以政府为主导的模式，而是具有中国特色的市场与政府有效配合的模式。休闲体育产业在我国具有巨大的发展空间，其中长三角地区最有发展潜力。

基于这一理念，将长三角体育产业一体化"初级行为主体与次级行为主

体协同作用"的路径模式理解为：充分发挥政府、企业和科研机构次序有别的"三强作用"，打破原来的"决策—协调—执行"闭环，清除区域内僵化的管制制度，同时企业应主动站到推进一体化发展的前台，充分释放企业的能量，全方位推动政府与企业的科学决策，最终推动长三角体育产业共同市场的形成和高质量一体化发展的目标。

# 三、长三角休闲体育产业一体化的实现途径

长三角体育产业一体化建设是一个系统工程。这里主要在目标路径模式的指引下，对标长三角体育产业一体化发展的主要障碍有几条途径。

## （一）打造一体化发展的示范区

在发展长三角休闲体育一体化发展的实践中，应选择科学的发展策略。比如，可以优先合力打造长三角地区休闲体育一体化的发展示范区，通过塑造具有影响力的模范样本，带动其他地区积极跟进。在选择示范区时，应该通盘考虑，选择资源、地理位置都具有典型意义的区域进行，通过积极推动休闲体育产业融入示范区建设，培育区域体育产业集聚区，打造区域协同发展新样板。

### 1.体育用品集聚区的建设

以西虹桥世界体育用品总部为例，其同时拥有多种优势资源。比如，依托虹桥商务区的国家会展中心，可增加培育各类体育会展会议、体育产业高峰论坛和峰会等项目，借助推动项目发展，带动整体区域尽快完善自身，促进产业各环节合作，逐步形成具有国际影响力的体育会展业集聚区。

### 2.探索专项体育项目的产业集聚区

除了可集结国际峰会的会展业集聚区之外，还可以从专项运动的角度打

造一个具有号召作用的水域项目产业的集聚区。

例如，依托淀山湖水域资源，围绕金泽帆船运动休闲特色小镇，可以建设国家级体育产业示范单位，比较知名的有美帆俱乐部等，以点带面，加快发展区域水上运动项目；或者布局航空飞行项目的产业营地，探索发展航空运动服务综合体、航空运动集聚区和航空运动旅游示范基地，积极引进各类国际顶级航空运动赛事和活动，结合青西三镇联动开发，在练塘万亩生态涵养林、青西郊野公园等地建设和开发户外趣味休闲体育运动集聚区，大力发展体育旅游。

### 3.探索政府间区域的创新空间

在不改变现有行政单元权益的前提下，通过深度挖掘相邻区域的创新可能，创造新的休闲体育发展示范区。它的重点在于尽量不引起大的改变，在现有行政区划的条件下，探索政府间区域的合作行为和市场空间，为相邻区域同时赋能。最终带动相邻区域的发展，形成统一的市场机制。

## （二）激发上海龙头带动作用

上海地区作为我国的经济发展龙头老大，承载着多重艰巨使命。上海不仅是重大国家战略和重要改革创新任务的核心承载区，还掌握了长三角地区绝对的核心优势。

### 1.依托上海自贸区的探索

长三角地区休闲体育一体化的发展，上海肩负着义不容辞的使命。加之上海自贸区自由贸易平台和金融服务平台优势，对推动体育金融和体育贸易具有得天独厚的优势条件。

体育金融上，集中试点《国务院办公厅关于促进全民健身和体育消费推动体育产业高质量发展的意见》（国办发〔2019〕43号）（以下简称"国办43号文"）创新政策，鼓励银行业金融机构开展体育企业应收账款、知识产权等质押贷款创新。与符合条件的体育企业进行深度合作，探索更多的创新形式，如发行社会领域的产业专项债券，以及与保险机构开发相关的保险产品，为体育金融的完善创造更多科学有效的途径。

体育贸易上，应集中资源打造长三角国际体育贸易展示平台和保税仓库，搭建完善的体育贸易产业区，推动体育相关产业项目的进驻，通过一些政策扶持、减税以及提供优先资源的方式，提升上海的境内外体育休闲产业项目影响力，将临港新片区打造成国际体育资源进入中国的重要通道和核心承载地。上海体育贸易的发展将对长三角地区的体育贸易发展起到强劲的辐射作用，并逐步将全球体育资源输送到长三角地区的不同区域，形成区域的绝对优势。

#### 2.依托虹桥枢纽区的探索

上海虹桥综合交通枢纽具有多重资源可以供挖掘。

首先，依托强大的交通要塞资源，可充分联动周边的国家会展中心，打造影响全球的世界级体育用品总部经济。上海作为中国国际化大都市，其自身的影响力可以轻松吸引国际优质休闲体育集团的关注与合作。同时，聚焦体育总部经济和现代体育科技融合产业，打造具有全球影响力的现代体育服务业集聚区。

其次，以安踏在西虹桥的规划可以建设世界级体验用品企业总部，聚焦设计、研发和品牌营销等核心功能，积极吸引更多国内外知名体育用品企业总部的入驻，形成"单聚焦，多品牌"的体育用品企业总部集聚区。

### （三）组建长三角体育产业联盟

体育产业联盟是突破业已形成的仅限于政府体制内"决策—协调—执行"自我循环的区域协调机制，真正地将政府行为与市场机制结合起来的有效的合作机制与平台载体。它的组建，将树立和激发企业和企业家在长三角体育产业一体化进程中的主体作用，有助于促进体育诸生产要素在区域内的自由流动。

组建长三角体育产业联盟要求构建"一体五翼"的组织架构。具体是指长三角体育产业联盟，它是按照"自愿、平等、合作、共赢"原则，由长三角地区体育相关的企、事业单位、单项运动项目协会、高等院校、科研院所等自发组织，在民政部注册的非营利性服务组织。联盟接受国家体育总局和长三角合作办公室的业务指导，建议挂靠单位为上海体育学院"长三角一体化研究中心"。

## （四）强化一体化发展的制度保障

在区域体育产业一体化的过程中，必不可少地需要完善可行的协调机制作为保障。这些机制包括公共决策机制、对话沟通机制、规划协调和监督机制、政策环境协调机制、专项事务协调机制以及利益协调机制等。长三角地区的体育一体化发展，在开展各种尝试的同时，建立一个稳定的协调机制也是刻不容缓的任务，它是长三角体育产业一体化健康、有序发展的重要制度保障。

### 1.向着多中心、多形式的协调机制发展

要想实现区域休闲体育一体化的快速发展，必须突破现有的"决策—协调—执行"的运行机制，以促进长三角休闲体育产业联盟的总目标下，应着力推动城市间多中心、多形式的协调机制形成，并且注重向二级、三级城市甚至县城的下沉，深深扎根形成稳固的法治化运行机制。以契约化的形式签署机构运行章程和协作协议，明确赋予它所作决议跨区域的治理效能和法律效力。

### 2.健全统一协调的市场竞争机制

依据"国办43号文"的部署，长三角地区应深化区域内的单项体育协会和体育场馆的建设发展，向市场释放体育资源与项目完善体育赛事管理服务机制，制定体育赛事活动办赛指南、参赛指引。

## （五）促进合作项目的建设

长三角地区休闲体育产业一体化可以借鉴欧盟共同市场的发展经验，以项目合作为抓手，以实质性的发展为驱动力，逐步带动长三角地区整体的休

闲体育产业发展，实现区域内企业集中、市场集中和产业集聚，夯实体育产业高质量一体化发展的微观基础。

### 1.以国内外重大体育赛事为驱动

休闲体育的重要内容之一就是各种体育赛事活动。因此，完善体育赛事活动协同机制，加强与国内外职业联赛和业余赛事的项目合作，联合创办世界顶级的商业体育竞赛活动、体育表演活动等，是促进区域休闲体育产业发展的强大动力因子。以上海为中心，可以申请举办奥运会、世界杯、F1等综合性或单项体育赛事，将产生一系列的区域联动效应。以实质性的体育赛事活动，倒逼体制机制的改革与创新，是一条加快推进长三角体育产业一体化发展的捷径。而且，以上海为中心的长三角地区实际上也具备足够的发展实力和发展潜质。

### 2.组建长三角体育产业集团

在国内外重要体育赛事的驱动下，应及时借势，推动长三角地区的产业集团的建设工作，鼓励长三角地区体育企业在资本市场上开展跨区域的兼并活动，通过交易成本内部化和市场结构自我清洁效应，降低区域交易成本，促进高质量一体化发展。

### 3.培育长三角体育产业品牌项目

促进项目合作的同时，对体育产品品牌的建设和培养也是一个重要的环节。未来长三角休闲体育产业一体化的形成，必然会产生大量的体育产业品牌项目。比如，可持续推进长三角运动休闲体验季、环太湖国际公路自行车赛等既有品牌项目的打造。同时挖掘更具区域特色体育产业优势，重点围绕竞赛表演、健身休闲、运动健康等领域打造新的品牌项目。

# 第六章 珠三角区域体育产业一体化发展研究

　　珠三角地区经济活力显著，开放程度高，创新能力强，是我国体育产业发展的重要增长极。而且，该区域体育产业资源丰富，很多地方选择通过产业集聚的方式重组资源，提高资源利用率。在区域经济一体化背景下，运用增长极理论指导珠三角区域体育产业一体化协同发展，有助于提升珠三角区域体育产业的发展速度与发展质量，增加区域经济效益。本章重点对珠三角区域体育产业一体化发展进行研究，主要内容包括珠三角区域体育产业一体化发展的集群理论、珠三角区域体育产业的现代化发展、珠三角休闲体育产业和民族传统体育产业的一体化发展。

# 第一节　珠三角区域体育产业一体化发展的集群理论

## 一、产业集群

产业集群是指大量联系密切的企业以及相关支撑机构在一定的地域范围内的集聚和集中。集聚在一起的产业或者是生产同类产品的，或者是具有直接上下游产业关联的企业，或者是存在着其他方面的密切联系。①

产业集群具有以下特点。

### （一）地理集聚性

地理集聚性是指资源、要素和部分经济活动等在地理空间上的集中趋向。地理集聚性是进行产业集群研究的前提条件。

### （二）根植性

根植性是指集群内企业具有很强的本地联系，这种本地联系不仅是指由于地理位置接近产生的经济联系，还包括社会、文化等方面的联系。由于地理上靠近形成共同的人文环境，企业之间相互信任与合作。

相互信任和满意是区域内最有价值的资源要素，促使相关企业黏合在一起，既营造了区域创新环境，又培育了本地化的创新网络。由于共同的人文环境使得集聚区内的企业家们在经常联系、互动过程中所采取的各种经济行为深深植根于同一文化氛围、交易规则和制度环境，因而使集群内企业具有

---

① 孙久文.区域经济学[M].北京：首都经济贸易大学出版社，2020.

归属感、依赖性和可预见性。正是因为集群具有这种根植性，才使得集群具有强大生命力。

### （三）专业化

产业集群内聚集的是相同产业或具有直接横向、纵向关联或具有其他密切联系的相关产业的企业群体，所以产业集群是专业化的产业集聚体。正是产业集群的这种专业化，才使集群内企业之间、企业与相关机构之间产生紧密联系。

地理上集聚的企业彼此间进行专业分工与紧密合作，再加上长期形成的集群内的产业文化，减少了集群内企业间的不确定性，降低了集群内企业的交易费用，使集群不断产生外部经济效益，强化了集群发展的动力。

### （四）创新性

产业集群内的企业间相互关系建立在相互合作、信任的基础上，这些联系能促进创新。地理上的集中带来竞争的同时也促进了创新。同时，集聚有利于信息在生产者与消费者之间传播，从而快速了解市场动态，产品信息反馈迅速，有利于产品技术的革新。

总之，产业集群的存在和发展离不开创新，离开了创新活动，产业集群就无以为继。

## 二、体育产业集群

体育产业集群是大量体育企业及组织结成的经济联系密切的生产网络。体育产业集群具有以下特点。

## （一）产业规模较大、产业链较长

产业集群形成的前提条件是产业规模较大，产业链较长，只有具备这个前提条件，才能进一步深化产业专业分工，从而对产业集中与经济效益增加产生积极的反作用。市场竞争日益激烈，产业分工与整合进程加快，这都是大量企业集聚带来的效应，企业集聚也能够吸引政府的政策扶持和有关组织的大力支持，从而使企业集群的竞争优势进一步加大。

体育用品生产业为了提高外部经济效益而集聚在一定区域，从而形成了最初的体育产业集群，集聚效应不断提升，更多的企业被外部经济效益吸引而入驻产业集群，促进了产业集聚的纵横发展和产业链的延伸，也使集群规模不断扩大，随着集群规模的扩大，相关服务支撑机构积极介入其中，包括政府、行业协会、教研机构、金融机构等，从而为产业集群的发展提供了诸多支持与保障。

## （二）与城市关系紧密

除了体育用品制造业集群的形成原因较为特殊，在小城镇集聚的较多，对城市特别是大城市的依赖性较小以外，其他绝大多数体育产业集群的形成与城市，特别是大城市的联系紧密，这与服务业集群的城市属性相关。马克思曾说过，"城市本身表明了人口、生产工具、资本、享乐和需求的集中"，而这正是服务业发展所必需的条件。

与制造业不同，服务业的聚集肯定是产生在城市中的。而且，"服务业聚集的规模和程度与城市的规模大小有不可分割的联系"。体育服务业是体育产业的核心，而体育服务业集群也就是体育产业集群的核心。城市的人口与生产力要素是形成体育服务业集群的土壤，所以体育产业集群与城市有着天然的紧密关系。

## （三）集群种类多，特色鲜明

体育产业集群的种类较多，集群产品有无形的服务产品，也有物质产品。同时各种不同的体育产品依托不同的地域条件，可以形成多种不同的集群种类。而且随着社会的发展和人们需求的不断变化，加上产业之间的融合分化趋势的加强，体育产品的品种会不断丰富，体育产业集群的种类也会随之丰富。

不同种类的体育产业集群具有不同的特色，如体育用品制造业集群地域根植性强，发育较成熟；而体育竞赛表演业集群的形成不一定体现产业的地理集中性，但体育竞赛表演业与其他相关产业形成的生产网络体现出"形散神聚"的特征，"形散"表现在赛事举办地与赞助商或其他支持性产业可能不在同一城市，但它们却在共同经济利益的驱动下都聚集在体育竞赛表演业这条价值链上，同样也产生了规模效应和外部经济效应。

# 第二节　珠三角区域体育产业的现代化发展

珠三角大都市圈区域一直是中国体育产业最为活跃的地区之一，是中国体育产业中体育服务业的重要生产基地，也是投资"体育内容产业"热度较高的一个地区。目前，珠三角进入经济发展方式转变、经济结构战略性调整、消费结构不断升级的重要机遇期，这为体育产业发展提供了广阔的空间。但珠三角体育产业的发展也面临不少难题，主要体现为体育用品业长期占据主导地位，体育服务业有待增强和提高，生产经营方式亟待转变，体育产业与相关产业融合发展不够，等等。在珠三角体育产业的现代化发展中要特别重视这些问题，有效解决问题。

下面结合珠三角的产业优势具体分析当前我国珠三角区域体育产业现代化发展的策略与建议。

## 一、构建现代化发展的基本框架

2014年10月《国务院关于加快发展体育产业促进体育消费的若干意见》（国发〔2014〕46号）将"注重统筹协调"作为体育产业发展的基本原则之一，要求立足全局，统筹兼顾，充分发挥体育产业和体育事业之间的良性互动作用，推进体育产业各门类和业态全面发展，促进体育产业与其他产业相互融合，实现体育产业与经济社会协调发展。在体育产业的发展目标中提出健身休闲、竞赛表演、场馆服务、中介培训、体育用品制造与销售等体育产业各门类协同发展，产业组织形态和集聚模式更加丰富。产业结构更加合理，体育服务业在体育产业中的比重显著提升。体育产品和服务层次更加多样，供给充足，并强调建立区域间协同发展机制，壮大长三角、珠三角等体育产业集群。

2016年5月，国家体育总局发布的《体育产业发展"十三五"规划》强调了珠三角等区域体育的协同发展，构建区域体育协同发展的体制机制，促进区域在体育资源共享、制度对接、要素互补等方面的良性互动，推动区域在体育健身圈建设、体育产业发展等方面的协同发展。国家层面的纲领性的文件为珠三角体育产业的现代化发展，以及都市体育圈的构建提供了总括指导。因此，珠三角应强化相关政策的落实，科学统筹和规划，构建现代化的产业布局。[1]

## 二、树立一体化发展的大局观

发展珠三角区域体育产业，要树立一体化的大局观。在珠三角体育产业

---

[1] 于兆杰等.珠江三角洲大都市圈体育现代化的协调发展研究[M].徐州：中国矿业大学出版社有限责任公司，2017.

一体化的前提下，参照珠三角都市圈体育产业的主体功能区定位，优化珠江三角洲都市圈空间布局，以广州、深圳为体育服务产业的发展中心，以珠江口东岸、西岸为重点，推进珠江三角洲区域体育产业经济一体化，形成体育资源要素优化配置、地区优势充分发挥的协调发展新格局。《珠江三角洲五个一体化规划实施中期评估报告》指出，基础设施建设一体化、产业布局一体化、城乡规划一体化、基本公共服务一体化、环境保护一体化，是珠三角区域一体化的五个重要方面。文件还专门提到以区域绿道建设及城乡规划一体化重点任务得到扎实推进，基本公共服务一体化的8大类61项重点任务的开展也十分顺利。这为体育产业的整体发展与规划提供了前提保障与发展借鉴，并为珠三角体育产业的一体化发展扫清了障碍。

珠三角都市圈体育产业的一体化发展，能够更好地促进珠三角体育产业要素流动和产业转移，形成梯度发展、分工合理的多层次体育产业群，并实现区域产业优势互补、互利共赢的良好局面。但当前珠三角产业发展定位不清晰，产业结构雷同，单纯比拼优惠条件的同质化竞争现象依然存在，产业错位发展格局尚未形成。基本公共服务一体化缺乏有效统筹，城乡规划一体化尚未取得实质性突破。珠三角区域内的珠中江、广佛肇、深莞惠各区域同样存在类似问题。可见，在珠三角一体化区域整体发展的前提下，规划体育产业格局与分布是解决问题的关键。

# 三、健全现代化发展格局

《广东省人民政府办公厅关于加快体育产业发展的实施意见》中提出，构建并完善"一圈双核四带多点"的体育产业布局，打造珠三角"一小时体育圈"，形成广州、深圳两个核心示范市，培育沿绿道及沿江、沿海、沿山体育产业带，建设覆盖面广、便利性强的点状体育产业功能区。以广州、深圳为珠三角体育产业发展的双核心，广州突出体育竞赛及体育服务行业，深圳则是依靠科技优势，加快体育产品的创新和研发，利用其特殊的地位加快深圳市国家体育产业基地建设。同时，支持珠海横琴发展高端竞赛表演、体育培训、体育休闲业。

构建珠三角体育产业的现代化发展新格局，珠三角都市圈要充分重视广佛肇、深莞惠、珠中江三大经济圈产业的优势互补与合理布局。

广佛肇经济圈以广州为中心，重点布局发展体育服务业和现代体育竞赛相关产业。

深莞惠经济圈以深圳为中心，重点布局发展以体育装备制造业为核心的先进制造业及竞赛表演、健身休闲产业。

珠中江经济圈以珠海为中心，重点布局发展体育先进的用品制造业、休闲行业的发展和规划，配套发展现代服务业。

此外，在整个都市圈区域范围内形成广州、深圳的双核心，以点带面、点线结合的协调发展，并支持双核体育产业集聚发展、向高端发展，建设国际化、高水平的体育产业转型升级示范市，进而将珠三角地区建设成为辐射华南、影响全国的体育产业先行区。

# 四、加快体育产业结构调整

根据珠三角体育产业产值的总体构成，体育用品业占体育产业的一半以上，而体育健身与休闲、竞赛表演、培训与体育服务业等体育主体产业占比很少。发展现代服务业要"以知识化和高端化为取向，加强合作和引进，引导现代服务业向中心城市集聚，大力发展金融服务、信息服务、专业服务、教育服务、会展服务、流通服务、外包服务、旅游服务及文化创意等产业"。政府对发展珠三角服务业的规划和力度较强，也为珠三角体育服务业的发展提供了导向指引。通过大力发展支持体育服务业的重点领域，丰富体育产品的有效供给，以点带面，充分体现政策导向，对于切实拉动体育消费，推动体育产业提质增量，结构调整及转型升级，成为供给侧结构性改革的领军行业有着积极意义。

针对中国目前体育产业结构不合理的问题，政府指出，要进一步优化体育服务业、体育用品业及相关产业结构，着力提升体育服务业比重。参照体育产业体系发展比较完善的美国及西方国家，珠三角大都市圈要进一步调整和完善体育产业布局，大力培育健身休闲、竞赛表演、中介培训等体育主体产业，实施体育服务业精品工程。根据各地市群众基础和体育竞赛市场的综合情况，努力打造具有地域代表性的优秀体育俱乐部、示范场馆和一系列的体育品牌赛事等。

在珠三角体育产业结构调整方面，要重点拓展健身娱乐市场和发展体育竞赛表演产业。

## （一）拓展区域内健身娱乐市场

目前，我国对体育健身起到重要支撑的专业服务资源严重不足。健身市场品类单一，同质化严重，缺乏适合不同人群的个性化、专业化和潮流化服务产品，体育服务的规模、品种和质量都难以满足需求，这种不良局面亟须扭转。

随着珠三角地区城市化的进一步发展以及富裕农村健身娱乐市场的逐步活跃，开展健身娱乐经营的企业越来越多，竞争愈演愈烈，经营内容和营销手段的创新成为此类企业提升竞争力和发展的关键。为此，体育健身休闲娱乐业的发展，需在引导消费、市场定位方面进行深层次的开发和经营。

珠三角地区发展健身娱乐业，要做好以下工作：

首先，强化健身娱乐业企业连锁化经营和多元经营。在经营方式上采取集团化连锁经营的方式，对于扩大规模、降低成本，以规模效益为竞争优势，在经营内容方面也相应地由单一的健身向健身、娱乐、保健、康复、休闲等多元化转变。

其次，转变服务理念，创造大众需求。现代营销理念、服务品牌、对消费者的心理需求的研究与分析等都是影响企业发展的主要因素。企业引导消费、创造需求的能力，对于开发体育健身娱乐消费市场意义重大。健身行业在提升品质的同时，要在搞活服务营销方面提升创造力和想象力。

最后，发展体育俱乐部及健康产业。体育俱乐部是体育健身休闲产业兴起与发展的重要代表，也是这一行业的基本运作载体之一。近年来，随着社会体育健身休闲产业的不断发展，不同规模、不同类型的社会体育俱乐部如雨后春笋般大量出现在珠三角经济发达地区。体育俱乐部属于体育健身休闲服务业，从更宏观的角度也可以将体育健身休闲服务业称作健康产业。不管是单纯的社会体育俱乐部，还是整个健康产业，它们的发展都离不开政府的政策引导，但政府不会干涉健康产业的经营，更不会包办，政府的政策主要靠具有理性精神的、自强自立的体育社团这一服务机构发挥中介作用，最终在俱乐部中落实。

## （二）大力发展体育竞赛表演产业

体育竞赛表演业是整个体育产业当中最具活力、最具影响力的部分。因此，发展与拓展体育竞赛表演业的发展，促进体育竞赛表演市场的管理与开发，不仅能够带来巨大的经济效益，而且由于有大批的现场观众与电视观众，更能营造出一种体育活动的气氛，聚集更多的人流与人气，为当地的旅游观光带来最直接的经济效益，酒店、餐馆、游乐设施、交通更是直接的受益者，从各方面都促进了当地体育娱乐和体育旅游业的发展。可以说，职业体育的发展不仅带动了相关体育用品产业的发展，更带动了娱乐业和体育旅游业的发展。

虽然珠三角地区的竞赛表演在国内处于领先地位，但整体来讲整体规模还较小，除了篮球、足球外，其他项目如乒乓球、羽毛球、网球和围棋等项目虽然表面上看已步入职业化发展，但还不能说完全的职业化，多数只能算半市场经营；职业化的主体还不够规范，一些俱乐部实际上是运动队+企业赞助的模式，俱乐部、中介、媒体之间的正常商业关系尚未建立；多数体育赛事的价值挖掘不够充分的原因在于发展受限于体育局等政府部门的严格管制，处于体育产业链上游的体育资源和内容（包括赛事、运动明星、转播权）的市场化程度较低；部分职业俱乐部经营内容单一，营销意识淡薄，经营成本过高及资本回报率不高等现象普遍存在。

开发竞赛表演业市场，要努力做到以下几方面：

首先，大力发展多层次、多样化的各类体育赛事。推动专业赛事发展，打造一批有吸引力的国际性、区域性品牌赛事，如恒大的成功管理模式与营销模式值得各俱乐部参考和借鉴。

其次，丰富各类别的体育赛事，在各区域和机关团体、企事业单位、学校等单位广泛举办各类体育比赛，引导支持体育社会组织等社会力量举办群众性体育赛事活动。另外，加强与国际体育组织等专业机构的交流合作，积极引进国际精品赛事。

再次，依托广东省及各地市现有体育电视频道、新媒体、平面媒体和省体育总会资源，对接国际体育单项协会，争取国际知名赛事转播权在广东落地，以建设"体育全媒体"为重点，打造具有影响力的体育传媒品牌。

最后，推动体育赛事产业与配套产业的协调发展。从社会体育产业发展的一般市场规律和模式出发，主动在体育赛事产业和其他相关体育产业之间搭建桥梁，建立关系，促进体育赛事产业和相关体育配套产业的协调发展，尤其要加强与体育赛事产业有密切关系的体育场馆建筑业、体育装备制造业、体育旅游业等产业的协调发展。在体育产业与相关产业的融合发展中，以社会体育赛事产品的核心要素为中心，进一步加固体育赛事产业与配套产业的上下游产业链，促进相互关系的演进与保持。有些配套产业的产品元素不同于体育赛事产业的产品元素，与这样的配套产业建立合作关系，有助于形成新的产业价值链，其中嵌入的价值单元和价值模块对相互合作的产业都具有重要意义。珠三角地区在发展本土体育赛事产业的过程中，要基于本地的深厚文化底蕴，大力宣传能够体现本地悠久历史文化、特色人文文化的体育赛事文化，使本土体育赛事的知名度和影响力不断扩大，吸引更多的本地群众积极关注赛事和主动参与参赛。在宣传体育赛事的过程中，要将互联网传播手段充分利用起来，打破体育赛事文化传播的时空限制，扩大传播面，激发大众的参与热情，促进体育赛事产业化模式的完善，同时加快体育赛事产业与其他相关产业协同发展的多边发展态势的形成。

# 五、树立品牌意识，提高国际影响力

当前，在各类世界级的大型赛事中，珠三角除了本土品牌"双鱼"乒乓球系列产品外，其他产品在国内外的影响力发展方面明显乏力。珠三角区域的体育品牌战略还有很长的路要走，实施品牌战略，要重点从以下几方面开展工作：

（1）具有强烈的品牌意识，珠三角要在体育产业发展的大好时机积极培育具有核心竞争力的大型体育企业，鼓励大型健身俱乐部跨区域连锁经营。

（2）打造一批具有国际竞争力的知名企业和国际影响力的自主品牌，支持优势企业、优势品牌和优势项目"走出去"，提升服务贸易规模和水平。

（3）扶持体育培训、策划、咨询、经纪、营销等企业发展。

（4）鼓励大型体育赛事充分进行市场开发，鼓励大型体育用品制造企业加大研发投入，充分挖掘品牌价值。

（5）扶持具有市场潜力的中小企业。

此外，按照《广东省体育产业发展意见》提出的打造体育产品制造业强省的要求，发展珠三角的体育健身、体育赛事、体育培训，并按照《中国制造2025》的要求，积极推动体育制造业转型升级，促进体育用品业的发展。

珠三角在体育用品业发展中要注意以下几点：

（1）积极推进体育制造企业创新发展，研发科技含量高的运动器材装备，在工艺、材料、技术方面增加科技研发和市场调查投入，提升传统体育用品的质量水平，提高产品科技含量，满足社会的发展需求。

（2）重点支持可穿戴智能运动装备及应用软件的发展。

（3）鼓励和支持体育制造业建立智能工厂，提高体育制造业水平。

（4）引导和支持制造业企业延伸服务链条，从单纯制造产品向提供产品和服务转变，推动体育制造业业态创新。

（5）在保障体育用品质量和科技含量的基础上，体育用品业可通过现代科技信息平台，进行产品的宣传，通过赛事、与著名运动员的赞助扩大影响力，利用国际及国内的各大赛事平台，实施品牌战略开发，运用赛事冠名、资助赛事协办等手段进行产品的有形与无形资产的开发与宣传，多面、多点、多渠道展开品牌营销战略。

# 第三节　珠三角休闲体育产业的一体化发展

随着珠三角经济圈的社会经济不断发展、人民日益增长的各种文化需求，以及全面建设小康社会对体育事业提出了更高的要求，尤其休闲体育作为丰富人们文化生活的主要组成部分之一，对于构建和谐社会将具有积极的现实意义。从增长极理论以及区域协调理论的关系层面看，以广州为核心，辅以深圳、珠海为两个"增长极"城市的发展路径，同时结合珠三角经济圈的其他城市开发具有地区特色的休闲体育产业项目对发展珠三角体育产业具有重要作用。珠三角在综合分析与比较各个地区社会、经济、文化等资源禀赋、发展潜力、扩展腹地等实际情况的基础上，根据各个地区的比较优势，分区块开发具有区域特色的休闲体育产业项目，并逐步辐射其他周围地区，形成区域优势互补，这在促进区域休闲体育产业健康、协调、可持续发展上将具有积极的现实意义。[①]

但是，当前以广州为中心的珠三角城市群的休闲体育产业的发展尚未发挥出其应有的潜力。区域休闲体育产业的整体发展水平与东部的环渤海经济圈和长三角经济圈相比，处于较低发展水平，并且缺乏区域本身所应有的特色。对此，珠三角休闲体育产业在今后发展中应从正确选择主导产业、科学分析城市经济区域空间结构、合理选择一体化发展路径等方面加以努力，实现可持续发展。

---

① 于兆杰等.珠江三角洲大都市圈体育现代化的协调发展研究[M].徐州：中国矿业大学出版社有限责任公司，2017.

# 一、调整产业结构，大力发展体育竞赛观赏业和健身娱乐业

## （一）调整产业结构

在区域休闲体育产业一体化发展中，哪些部门是要重点选择的对象，应该如何进行选择，这都没有统一的模式，而且要从区域具体情况出发，具体问题具体分析，然后具体解决和处理。一般来说，区域休闲体育产业的一体化发展要求重点对区域发展所处的阶段、比较利益、区内关联和带动作用等因素进行综合考虑。休闲体育产业发展的基本思想是：对休闲体育先导产业要大力扶持；对休闲体育瓶颈产业要摆脱困境，加快发展；对休闲体育主导产业要积极发展；对休闲体育相关产业要配套发展；对休闲体育基础产业要优先发展。这也是珠三角区域休闲体育产业一体化发展的基本指导思想。

在珠三角休闲体育产业发展中，以主导产业为重点，积极发展主导产业，然后发挥主导产业的带动作用，促进其他非主导产业和相关产业的共同发展与协调发展。

在重点发展休闲体育主导产业的同时，还要解决休闲体育产业一体化发展的瓶颈，对落后产业要大力扶持，从而促进珠三角休闲体育产业体系中关联产业的协同发展，克服区域一体化发展的瓶颈，解决协同发展的困境，充分发挥长线产业的优势。

此外，在珠三角区域休闲体育产业一体化发展中，还要重点发展休闲体育先导产业，为珠三角区域培育新的经济增长点，从而为区域休闲体育产业的可持续发展提供保障。

总之，珠三角休闲体育产业协同发展中，要不断优化产业结构，合理安排结构战略，要突出重点，适度倾斜，及时调整，协同发展。

## （二）大力发展体育竞赛观赏业和健身娱乐业

根据休闲体育产业链各环节之间关系的分析图（图6-1）和休闲体育产业链的上中下游产业示意图（图6-2），可以清楚看出休闲体育本体产业处于产业链的中游。从"供需"的角度看，其在一定程度上将直接影响上、下游产业的发展。其中，体育健身娱乐业、体育竞赛观赏业、体育中介业以及体育培训业处在休闲体育产业链的中游，在这些中游产业中体育竞赛观赏业和体育健身娱乐业与上、下产业联系最为密切。

珠三角经济圈前向关联产业（如体育媒体、体育报刊业等）取得了一定发展；后向关联产业（如体育场地设施、体育用品业等）也都具备了一定的基础；而本体产业（体育服务业）发展却明显滞后，且其中的体育竞赛观赏业所占的比重及其增加值偏小。因此，要使珠三角经济圈休闲体育产业整体水平得到较大且均衡地发展，就必须大力发展体育竞赛观赏业和健身娱乐业。

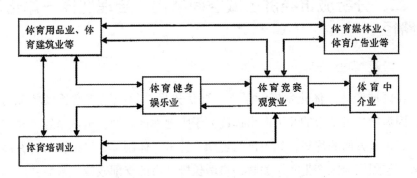

图6-1 休闲体育产业链各环节之间关系[①]

---

① 于兆杰等.珠江三角洲大都市圈体育现代化的协调发展研究[M].徐州：中国矿业大学出版社，2017.

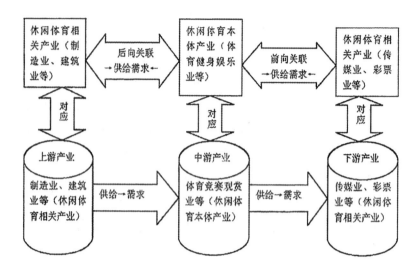

图6-2　休闲体育产业链的上中下游产业[①]

## 二、分析城市经济区域空间结构，合理选择一体化发展路径

在区域经济一体化发展背景下，要优先发展核心区或增长极城市的经济，因为增长极城市的经济产出远远大于腹地地区。增长极城市经济率先发展具有很多方面的优势，如先进的观念、技术、体制等，发挥城市各方面的优势，与周围地区产生密切关联，将增长极城市的支配效应、乘数效应和分配效应充分发挥出来，有助于推动区域经济的发展，最终促进区域发展壮大。结合前面关于"珠三角经济圈城市经济区域空间结构运动的经济学分析"，我们可以清楚了解到广州、深圳、珠海之所以成为珠三角经济圈社会经济发展的"极核"，主要是由珠三角经济圈社会经济发展过程及其城市外

---

① 于兆杰等.珠江三角洲大都市圈体育现代化的协调发展研究[M].徐州：中国矿业大学出版社，2017.

部空间结构分布所决定的。

　　珠江三角洲城市群的空间结构分布呈一头（广州）、两尾（深圳、珠海）的区域城市外部空间结构（近似倒"V"形）。我国华南地区最大的河口港位于广州，它是珠三角经济圈各城市群的中心城市，是珠三角经济圈的工业中心和贸易中心，也是珠三角经济圈的主要"核心区"，其是多种交通运输方式（港口、铁路、公路等）会合的要冲之地。历史、社会、经济、文化等多方面的因素共同奠定了广州今天的地位。

　　在改革开放之初，深圳、珠海这两个城市是接受香港、澳门极化效应最早、最直接的地区，社会经济发展水平迅速提升，同时也使得深圳和珠海两个城市成为直接决定和影响珠三角经济圈各城市空间结构的形成和运动形态的空间关键节点。因此，我们在空间上将上述珠三角经济圈的关键空间节点贯通起来，并形成广州—深圳和广州—珠海两条城市区域空间结构运动形态的路径——三者间的经济通路条件，以此为基础，在珠三角经济圈各城市群形成一头（广州）、两尾（深圳、珠海）的区域城市外部空间结构主导运动路径和空间模式。在这种社会经济发展模式的作用下，珠三角经济圈的城市群在社会经济等方面取得了巨大的进步，为珠三角经济圈休闲体育产业的发展奠定了良好的基础。

　　另外，广州市无论在社会经济发展水平、人口素质、三次产业结构、体育资源存量、竞技体育以及休闲体育产业发展等方面都在珠三角经济圈各城市群中绝对处于"龙头"位置。我国休闲体育产业现阶段还处于初级发展阶段，根据区域经济的相关理论和产业经济学原理，珠三角经济圈休闲体育产业的发展应形成"一核多极"的发展方式，即以广州市为区域休闲体育产业发展的"核心"，辅以深圳、珠海为"两极"，其他各地市致力于发展特色品牌项目，使各地市形成区域休闲体育的特色品牌产业。[①]

---

① 蔡宝家.区域休闲体育产业发展研究[M].厦门：厦门大学出版社，2017.

# 第四节　珠三角民族传统体育产业的一体化发展

民族传统体育产业一体化发展是提高民族传统体育进入市场的组织化程度和民族传统体育综合效益的重要途径，它对民族传统体育长期持续发展，提升其核心竞争力，发展区域经济，增加国民收入，丰富民族地区的旅游资源，拓展活动空间，都会产生巨大的经济效益和社会效益，特别对和谐社会主义构建和新农村建设都将起着推波助澜的作用。民族传统体育产业化本身就具有产业集群的特征，是产业集群的一种具体表现形式，即以民族传统体育为主导的产业集群，因此要运用产业集群理论指导珠江三角洲地区民族传统体育产业一体化发展，并针对民族体育产业化中的障碍，构建政府、企业和各社团组织等多方面共同努力的协调发展机制，推动珠三角民族传统体育产业一体化发展。

## 一、珠三角民族传统体育产业一体化发展的必要性

区域经济基础、产业结构、居民消费水平、现代信息技术的应用等基础性条件是集群形成的基础条件，政府的扶植、特大事件的推动也是集群形成的重要条件。随着国家对珠江三角洲地区改革发展的重视，必将推动本地区政治、经济、文化等的新一轮发展浪潮。该地区高新产业、传统产业等已有了长足发展，作为提升区域经济实力的朝阳产业且具有民族特色的民族传统体育产业，势必与时俱进，紧跟社会发展浪潮。

珠三角地区人们的生活节奏较快，压力较大，民族传统体育内容众多，自主性强，如果珠三角民族传统体育走产业化之路并形成集群效应，将有助于人们从机械、单调的环境中解脱出来，从而调节、摆脱和补偿由于劳动和工作所造成的枯燥感、疲劳感，使人的个性得到解放。珠三角由于其开放性，具有良好的群众体育基础，因而体育产业核心消费规模大，每年人均体

育消费超过全国平均体育消费额。此外，珠三角的体育爱好者众多，与中等发达国家水平相当。按照经济学理论，在社会物质基础积累到一定程度后，人们对物质消费品需求的增势将会减弱，而对服务消费品，尤其是与健康和生活质量提高直接相关的服务消费品的需求将会快速上升。

随着全民健身的开展，民族传统体育在珠三角地区的开展也越来越广泛，在政府积极引导和市场推动下，珠三角民族传统体育产业一体化发展势在必行。而且传统体育产业一体化发展具有获取外部规模经济效益、降低成本的成本优势。珠三角第三产业发达，特别是制造业，通过民族传统体育产业的一体化发展能带动其他相关产业发展，产生关联效应。

## 二、珠三角民族传统体育产业一体化发展的可行性

### （一）区域优势显著

首先，珠三角民族传统体育丰富多样，民族传统体育集群的形成与珠三角地区居民的生活方式有很大的关系。珠三角地区人们生活水平较高，体育消费能力比较强，消费市场广阔，而且该地区的体育场馆设施比较先进。随着珠三角地区经济的不断发展，城乡居民的收入水平、人均消费水平不断提高，家庭消费总支出中用于健身娱乐、体验享受以及个人发展的消费日益增加。民族传统体育的丰富样式和内容正好符合当地人的生活需求。

其次，珠三角体育群众基础广泛，珠三角地区举办过多项大型体育赛事，如亚运会、全国少数民族传统体育运动会、全国大学生运动会、全国科技体育运动会以及一些项目的世界和亚洲单项锦标赛等。因此有"珠三角体育赛事中心论"一说，这为开发体育赛事产业及其他相关产业提供了良好的条件和环境。

最后，近年来珠三角的概念有了新的变化，传统意义上的珠三角由广州、深圳、佛山、珠海、东莞、中山六个城市及惠州、清远、肇庆三市的一部分组成，但现在的珠三角有时指的是"大珠三角"，指广东、香港、澳门

三地构成的区域，"泛珠三角"范围更广，包括珠江流域地域相邻、经贸关系密切的福建、江西、广西、海南、湖南、四川、贵州、云南和广东九省区，以及香港、澳门两个特别行政区。泛珠三角区域协作以珠三角和港澳为核心进行经济辐射，以广东作为桥梁，实现珠三角与周边地区的经济联动和协调发展。①各地区不同的民族传统体育给泛珠三角的经济和人们的生活带来了活力，使民族传统体育产业一体化发展成为可能并具有现实意义。

## （二）民族传统体育产业不断创新

珠三角民族传统体育产业的一体化发展有助于传播与推广民族传统体育文化知识，促进隐性传统体育文化的交流，而且从创新的角度来讲，还能促进新思想的形成与新内容的产生，在产业与学科融合的视角下还能促进一些新领域与新产业的产生。

我国各民族之间相互交流、相互影响，这为区域民族体育的共同发展提供了良好的条件，我国民族民间传统体育在兼收并蓄、胸深旷达、择善而从的氛围中相互融合、促进，取得了良好的发展。借助民族传统体育繁荣发展的势头，加强创新性开发，能够进一步促进珠三角民族地区经济发展，将该区域民族传统体育的社会效益与经济价值充分彰显出来。

## 三、珠三角民族传统体育产业发展的基本现状与问题

"珠三角"以其博大的胸怀容纳了全国乃至世界各地的民族文化，使其在华丽的时尚服饰下古韵犹存。珠三角经济腾飞，人们的生活水平普遍提高，源习的传统风俗和浓厚的节庆活动以及和节庆息息相关的民族传统体育在珠三角地区日渐规模，特别是第八届全国民族传统体育运动会在广州举

---

① 蔡宝家.区域休闲体育产业发展研究[M].厦门：厦门大学出版社，2017.

行，极大地推动了珠三角民族传统体育的发展。珠三角民族传统体育的发展需依傍一定的地缘和人缘拥有独特的发展优势。

珠三角民族传统体育的发展历史悠久、门类繁多，最具有传统体育代表性的当数武术，佛山是我国著名的武术之乡，是全国唯一获"中国武术之城"称号的城市。佛山武术门派纷呈、武风甚盛；南拳北腿，各擅胜场。佛山传统体育虽然门类繁多，但是传统体育产业却没有真正自成体系。从产业投资结构上看，目前对民族传统体育产业资源的开发主要由民委、体育局和当地政府进行事业性投入，社会、集体、个人、外资进行商业经营性投入甚少，投资渠道单一，多元化的社会投资主体格局尚未形成。

总体上，珠江三角洲地区民族传统体育产业的发展还存在诸多问题，如：

（1）发展观念落后。

（2）产业结构不合理。

（3）管理体制不健全。

（4）产业政策不够完善。

（5）特色体育文化产品亟待开发。

（6）核心竞争力不强等。

要解决上述问题，必须走集群化和一体化发展之路，使区域民族传统体育产业连点成面，连片成群，整合资源，提升核心竞争力。

# 四、珠三角民族传统体育的产业化发展路径

## （一）坚持政府的主导地位

### 1.政府从经济上扶持民族传统体育产业的发展

在民族传统体育产业发展的起步阶段，建设场地等基础设施需要大量的资金，这部分资金主要由政府资助。政府有一项非常重要的职责，即支持和带动少数民族经济的发展，因而应在资金方面大力扶持民族体育产业。需要

注意的是，政府投资并非民族传统体育产业发展的唯一资金来源，在具体发展过程中，应坚持政府的主导，寻求各种形式的投资，以充分促进民族传统体育的市场化和产业化发展。

2.加强政府的宏观调控，对民族项目进行大力开发

民族传统体育产业包含的内容很多，但就目前来看，我国重点发展的是民族传统体育旅游产业，对此，政府要进行总体规划，打破单一的发展模式，积极推动民族传统体育产业中核心产业的发展，如民族传统体育健身娱乐业、竞赛表演业等。在发展核心产业的同时，还应因地制宜，对少数民族体育项目进行充分挖掘，构建"以主要产业带动周围项目发展"的新模式，从而促进民族传统体育产业全局性的发展。

3.制定相应的政策保障

在民族传统体育产业发展的初级阶段，离不开法律、政策的支持和保障。当前，我国和地方政府已经开始重视从法律上保护民族传统体育。但因为我国的法律理论体系基础薄弱，执法力度不够，因而相关法律的效应没有得到充分的体现，这就要求加强对相关法律法规的完善，对法律精神进行不断的强调，构建一支高水平的法律队伍，严格开展执法工作，从而促进民族传统体育的传承，保障民族传统体育产业的发展。

## （二）与市场需求保持一致

要想加快发展珠三角民族传统体育，就要注重改革，加快创新步伐，了解消费者的需求，与市场需要保持一致，刺激消费，拉动消费。在市场营销中，要重点宣传民族传统体育产品的亮点，突出产品"人无我有，人有我优"的闪亮之处，将民族特色融入产品，以激发消费欲望，使目标顾客的消费积极性被调动起来。目标市场的消费需求是生产民族传统体育产业的基础导向，要做好对目标市场与目标消费群体的准确定位，通过多方面的宣传来使消费者更多更深入地认识民族传统体育，使其消费欲望不断提升。

## （三）发展地区经济

珠三角地区政府对民族传统体育产业发展的支持是非常重要的，这种支持不仅包括政策倾斜，也包括资金支持。政府加大资金投入力度，积极推动民族地区经济建设，为民族传统体育产业的发展提供良好的社会经济环境。民族经济发展必然能够带动民族产业发展，只有经济强大了，经济实力提升了，才能为民族传统体育产业的持续稳定发展提供基础保障。

另外，社会上有不少企业对民族传统体育产业的发展给予了很大的支持，对于这些企业，政府也要加大扶持力度，从税收上给予一定的政策倾斜，鼓励这些企业为民族经济和民族传统体育产业发展做出贡献，并激励更多的企业支持民族传统体育产业的发展，以促进民族传统体育产业发展机制的不断完善。

## （四）重视对民族传统体育文化的传承

民族传统体育文化承载着先辈的心血、智慧与汗水，其独特的文化内涵、突出的历史文化价值都值得后代人大力传承。当前我国民族传统体育文化传承受重视程度不高，很多优秀的文化成果濒临危机，处境危险。而珠三角要发展民族传统体育产业，就必须加强对民族传统体育文化的弘扬与传承，传承优秀的民族体育项目，记录与保存优秀的民族文化，利用科技手段保护好民族文化，从而为珠三角民族传统体育产业发展提供文化支撑及丰富的资源库。

## （五）推动民族传统体育文化的国际化传播

1.正确把握民族传统体育文化国际化传播的方向

（1）市场定位准确

在市场经济体制下，品牌都是基于市场这一土壤而发展的，市场需求主要由各种各样的消费群体的需求而构成。只有最大化地满足各种消费群体的不同需求，品牌才能得以持久发展，这也是体现品牌生存价值的重要标志。

珠三角民族传统体育文化的国际传播与发展同样离不开市场，而且是广阔的国际市场。所以要在国际舞台上广泛传播民族传统体育文化，就要先做好市场调查与分析，了解国际受众的真实需求，然后挖掘民族传统体育文化的优势资源，发挥优势竞争力，提升竞争地位。对受众群体的定位必须准确无误，要对各种群体的实际需求有准确的识别与判断，对受众的真实欲望进行分析，从而提高推广与传播的针对性与实效性。

（2）明确发展方向

对珠三角民族传统体育文化进行国际化传播，市场需求的精准定位是非常关键的一步，而要做好这一点，就要仔细分析目标市场，并从不同区域的经济、文化背景出发进行分析，如此才能提高市场定位的准确性。在准确进行市场定位的基础上，要结合民族传统体育文化的实际情况而进行品牌设计与定位，只有从实际情况出发做好市场定位、品牌定位，才能准确把握民族传统体育文化的国际化传播与发展方向，并在正确方向的导向下制定科学有效的国际化传播战略与具体对策。如果市场定位错误，那么发展方向必然也是不正确的，而一旦努力的目标发生了偏差，再多的努力也是徒劳无功，可见，准确定位非常重要。

2.通过影视作品宣传民族传统体育文化

文化在国内外的广泛传播有很多载体与形式，其中人们最为熟悉的传播载体有报纸、刊物、电视剧、电影、书籍等，电影、电视剧这样的影视传播形式很受大众欢迎，这些传播形式既有宽泛的传播广度，又在层次上有传播深度，而其他传播渠道在传播广度与深度上不及影视传播。在文化全球化视域下，世界体育文化交流与互动十分频繁，之所以开辟多个渠道进行文化的多元化沟通与交流，就是为了维护国内外体育文化的平衡，在将民族传统体育文化推向世界的同时，吸收其他民族的传统体育文化或现代体育文化，实现进出平衡。电影和电视剧作为常见的有效的体育文化传播渠道，其既有戏剧性，又有故事性，能够将优秀的民族传统体育文化传播到世界各地，被世界人民所喜爱。因此，我国应该多拍一些体育尤其是民族传统体育有关的电影或电视剧，也可以将优秀的珠三角民族传统体育项目融入少数民族题材的电影或电视剧中。

中华民族传统体育文化既属于优秀的体育文化，又是灿烂的民族文化和传统文化的重要组成部分，其蕴含着可贵的民族精神、文化财富，拍摄以民族传统体育为主题的电视剧或电影，能够使国外受众通过这个渠道与窗口而认识与了解优秀的中国体育文化。

我国的影视产品面向欧美市场推广与出口的过程中以纪录片为主。欧美国家一些电视台只对脱口秀、纪录片等非主流形式的节目进行播放，大众十分喜爱这些节目，以观看纪录片、脱口秀等节目为主已成为国外很多人民观看电视的习惯。而且，因为风俗文化和日常生活方式的影响，很多欧美人对有挑战性的节目普遍比较关注，这就是他们喜欢看体育类节目的主要原因，体育文化吸引着欧美人民。现在，中国在世界上的地位在不断提升，世界上的一些主流媒体越来越关注中国国情与社会发展情况，而且一些电视台也会购买我国的影视产品，尤其是关于体育的纪录片，这是我国传播民族传统体育文化的重要机遇。

在民族传统体育文化国际化传播的众多渠道与载体中，体育纪录片及基于此而衍生的各种体育影视作品展现出其他传播载体不可比拟的优势，而且体育纪录片或相关产品的对外营销是具有重复性的，我们多次开发与利用这类资源，能够使影视传播的功能与价值最大化地发挥出来，还能帮助我国节约传播成本，最终也能取得理想的传播效果。我国政府应该大力支持体育纪录片或相关影视作品的出口，有关部门在全球化战略背景下要对此予以统一规划，考虑长远的传播目标，而不是短期利益。我国政府要从政策、经济上扶持中国体育纪录片的开发与出口，将体育纪录片作为国内外体育交流与合作的重要方式与窗口。体育纪录片不管在我国体育市场上，还是在国际广阔的市场上，其发展空间与潜力都是不可低估的。目前，体育纪录片的国际化出口与传播的市场需求很大，明显供不应求，而且现有的产品在交易上也有很多问题，纪录片在开发与制作上也缺乏持续的动力，这些都是有待解决的问题，我们要结合我国国情开辟一条能够使中国体育纪录片成功出现在海外主流电视台的道路，满足广大的国际市场需求，提高传统体育文化的国际影响力。

## （六）树立以文化为基础的发展新理念，营造良好的文化氛围

目前，我国对提升国家的文化软实力十分重视，在这一背景下，我们应树立以文化为基础的发展理念，在该理念的指导下来推动处于起步阶段的民族传统体育产业的发展。提升我国的文化软实力，关键是要传承与推广中国传统文化，让更多的人认同中国文化，学习中国文化。中国传统文化是我国民族传统体育形成与发展的"根"，中华民族优秀传统文化的精髓在民族传统体育中能够得到体现。所以，在以人文思想为主流的当今社会，要想推动民族传统体育的发展，就必须以民族传统体育自身所蕴含的文化内涵为基础、以国家制定的有关提升文化软实力的政策为依托，走产业化发展之路。

以文化为先导来发展民族传统体育产业，就要对民族传统体育文化资源进行充分的开发，促进民族传统体育文化的传承与发展。与现代体育相比，民族传统体育有一个明显的优势，即蕴含着丰富的文化内涵，文化价值突出。鉴于此，在推动民族传统体育产业发展的过程中，应注重对这一优势的充分运用，树立以文化为基础的发展理念。

民族传统体育产业的发展与浓郁的民族文化氛围是分不开的。我国制定了一系列有效政策来提升国家的文化软实力，从而使我国在文化领域的发展得到了一定程度的改善，民族文化作为其中的一个重要组成部分，自然也得到了提升与改善。

影响民族传统体育产业发展的要素有很多，民族文化就是其中的一个核心要素。国家积极提升文化软实力，营造了良好的文化氛围，珠三角要充分借助这一氛围来发展民族传统体育产业，从而营造属于民族传统体育的浓郁的文化氛围。浓郁的民族传统体育文化氛围有助于促进人们对民族文化的了解不断加深，有助于人们进一步认可民族传统体育的价值。认同程度的提升有助于推动民族传统体育产业的发展，为民族传统体育的产业化发展带来勃勃生机。

## （七）培养专门的民族传统体育人才

### 1.发挥高校的作用

高校是培养民族传统体育人才的重要基地，高校为培养专业的民族传统体育人才，设置了民族传统体育专业。随着该专业的不断完善，人才培养质量逐渐提升，为国家培养了大量优秀的民族传统体育人才，推动了中华民族传统体育的发展。为了进一步提升高校民族传统体育专业的人才培养质量，有关学者结合该专业的开展情况而构建了"四三三"民族传统体育人才培养模式，如图6-3所示。

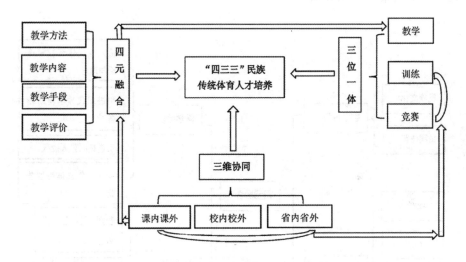

图6-3　"四三三"民族传统体育人才培养模式①

"四三三"民族传统体育人才培养模式中，"四"指的是四元融合，第一个"三"指的是"三位一体"，第二个"三"指的是"三维协同"，具体分析如下。

---

① 蓝建卓.民族地区高校少数民族传统体育人才培养路径研究——基于《普通高等学校本科专业类教学质量国家标准》[J].河池学院学报，2020，40（04）：82-87.

（1）四元融合

四元融合指的是民族传统体育专业教学体系中教学内容、教学方法、教学手段以及教学评价的协调与融合。高校设置民族传统体育专业课程具有一定的自主性，而且自由度比较大，要以社会对民族传统体育人才的需求为依据而进行专业化培养，并为民族传统体育专业学生未来就业或创业奠定良好的基础。高校民族传统体育课程体系既要体现出专业性，也要彰显学校的办学特色，在完善特色化民族传统体育课程体系的过程中，要不断改革与优化民族传统体育教学内容、教学方法手段以及教学评价模式，具体思路如图6-4所示，通过对这些教学因素进行革新，以提高民族传统体育课程质量，进而提高专业人才培养质量。

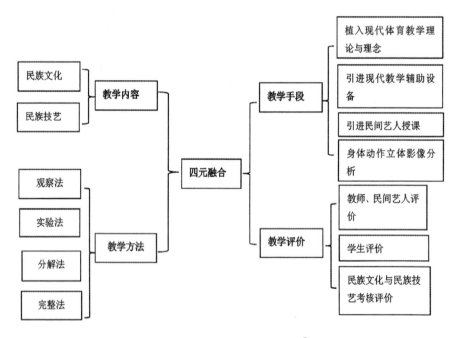

图6-4 "四元融合"课程体系①

① 蓝建卓.民族地区高校少数民族传统体育人才培养路径研究——基于《普通高等学校
本科专业类教学质量国家标准》[J].河池学院学报，2020，40（04）：82-87.

（2）三位一体

要推动中华民族传统体育在全球化背景下的可持续发展与传播，就要开辟多元化的传播与发展路径，尤其要重视培养专业的、高水平的、复合型的民族传统体育人才。现阶段，我国高校在培养民族传统体育人才方面存在很多不足与缺陷，如教学理念落后、教学方式老化、缺乏专业师资队伍、尚未建立健全人才培养机制以及专业教学与人才培养缺乏创新等。认清这些问题后，要从现实出发而考虑解决对策，制定全新的民族传统体育人才培养方案。这就需要以高校民族传统体育专业这一重要的人才培养平台为依托而建立可持续化的人才培养方案，强调民族传统体育教学、民族传统体育训练、民族传统体育竞赛的有机结合，从而提升学生的民族传统体育文化理论素养，增强其运动技能和参赛能力，逐步实现从普及到提高再到专业化的人才培养目标（图6-5）。

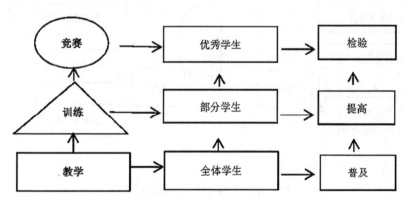

图6-5　"三位一体"培养方案①

（3）三维协同

培养优秀的民族传统体育人才，要遵循人才培养的基本规律，并对培养机制的内部运行模式进行探索，从而采取多种有效的手段一步步实现预期的

---

① 蓝建卓.民族地区高校少数民族传统体育人才培养路径研究——基于《普通高等学校本科专业类教学质量国家标准》[J].河池学院学报，2020，40（04）：82-87.

人才培养目标。培养民族传统体育专业人才，要努力提升培养对象的核心素养，不断完善人才培养制度，健全人才培养的保障机制，以保障人才培养质量与水平。在人才培养中，要对高校教育资源进行优化配置与高效利用，要注重对培养对象主观能动性的激发，重视对培养对象创新能力的培养，更为关键的是，要结合社会需求和学生的就业需求而创建三维协同的培养机制，包括课内与课外的协同，校内与校外的协同以及省内与省外的协同，如图6-6所示。三个维度的协同有助于促进人才培养平台的拓展，提高人才培养效率及效果，并能够使高校民族传统体育专业学生的社会服务能力以及创新能力得到有效提升。

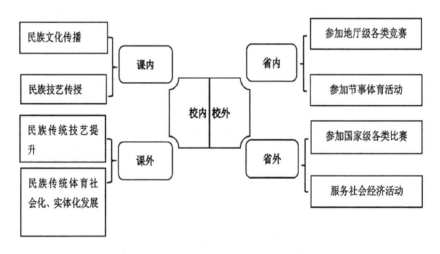

图6-6 "三维协同"培养机制[①]

2.采用"校企结合"的路径培养人才

高校与企业联合培养优秀的民族传统体育人才已经成为一个趋势，校企结合的人才培养路径在人才培养实践中取得了显著的成果，因此要大力推广该路径，并不断完善这一人才培养模式，进一步提高对民族传统体育人才的

① 蓝建卓.民族地区高校少数民族传统体育人才培养路径研究——基于《普通高等学校本科专业类教学质量国家标准》[J].河池学院学报，2020，40（04）：82-87.

培养质量。

（1）设立专门机构，明晰职责

高校民族传统体育专业与社会相关企业联合起来培养民族传统体育人才，需要建立专门的组织机构，明确组织机构的目标，并做好合作培养优秀人才的规划。建立专门的组织机构后，要明确各部门的职责，职责明晰是非常重要的，机构中各部门工作人员充分发挥自己的能动性与优势，履行自己的职责，同时各部门之间加强互动与交流，做好协同与配合，从而大大提高组织机构的服务能力和服务质量，最终培养出优秀的民族传统体育人才。校企合作的专门组织机构中，应该成立"校企委部门"，该部门的主要成员应包括高校体育院校领导和企业高层管理者，该部门的主要作用是明确校企合作的方向与目标，把握大局，严格监督，加强对人才培养的管理。

（2）构建科学培养模式

高校与企业合作培养人才需要经历一个长期的过程，而在初期磨合的过程中要特别注重收集反馈信息，如来自社会的反馈，来自学生的反馈等，根据反馈而调整合作方案，变通合作方式，旨在促进合作效益和人才培养效果的提升。高校与企业要各自发挥自己的资源优势，高校要利用教学资源建立实习基地，企业应从社会需求和企业发展需求出发，设置实习岗位，使学生在实践中提升自己的能力。为了促进校企合作途径的有效落实，需要建立科学的校企合作培养模式，由高校民族传统体育专业的学生申请实习计划，先在学校实习基地进行实习，然后进入企业进行岗位培训与实习，经过实习后，具备良好专业素养和满足企业就业要求的学生可顺利到岗就业，这是一套完整的人才培养体系，能够提高人才培养的效率，也能帮助民族传统体育专业学生解决就业问题。

## （八）建立民族传统体育俱乐部，推动民族传统体育产业化发展

当前，我国职业体育俱乐部正在快速发展，职业俱乐部对于体育产业的发展具有积极的推动作用。现阶段，我国职业体育俱乐部的经营与管理涉及多种方式与内容，如冠名权经营管理、赛场与队服广告经营管理、商业性比

赛经营管理、门票经营管理、标志产品经营管理、电视转播经营管理等，可见体育产业的发展对其他相关行业的发展有一定的带动作用。

珠三角地区可以借鉴其他体育俱乐部的成功经验来建立民族传统体育俱乐部，使民族传统体育能够走进学校、社区，深入人民生活，并更好地为人民大众服务。同时，在经营与管理民族传统体育俱乐部的过程中，应对市场经济的运行机制和企业管理方法进行充分的运用，从而实现民族传统体育产业化的跨越式发展。

### （九）加强对外合作

加强民族传统体育产业的对外合作不但能够使更多的人认可民族传统文化，而且还能够为民族传统体育产业的发展注入新鲜的血液和无限的生机。民族传统体育产业的推广需要以本土的民族文化为依托，而且民族传统体育本身具有保守性，这就导致了民族传统体育的产业化发展带有一定的局限性。在多元化的时代，要想使民族传统体育产业得到持续、健康的发展，珠三角就必须在保持民族传统体育自身特点的基础上，加强对外学习与交流，使民族传统体育更具时代性。

## 五、珠三角民族传统体育产业一体化发展的思考

珠三角民族传统体育产业一体化发展拥有非常广泛的领域，为了进一步推进区域内体育产业合作与协同发展的顺利进行，建议制订集群发展计划，计划应该由易到难，细致而完整，并要务实、有操作性。在计划中规划集群发展的长期目标、中期目标和短期目标，合理规划重点发展项目，由点及面循序推进一体化发展，充分发挥优势产业一体化发展的带动作用，总结成功经验，完善一体化发展机制，然后逐步展开其他产业的一体化发展。

具体来说，珠三角区域民族传统体育产业的一体化发展模式由下列几方面构成。

## （一）一体化发展的目标

在珠三角区域民族传统体育产业一体化发展的目标上，坚持"以人为本"、科学发展观等科学理念，通过民族传统体育产业的协同发展推动珠三角经济、文化的一体化发展。

## （二）一体化发展的基础

在珠三角区域民族传统体育产业一体化发展的基础上，通过政府扶持与外界参与而使区域民族传统体育产业发展壮大。

## （三）一体化发展的导向

在珠三角区域民族传统体育产业一体化发展的导向上，转变传统资源型发展的模式，结合市场经济的基本规律和需要而开发符合市场需求，能够走向世界的先进项目。

## （四）一体化发展的机制

在珠三角区域民族传统体育产业一体化发展的机制上，构建新型民族传统体育产业发展机制，使其与对外开放的发展理念相适应。

## （五）一体化发展的布局

在珠三角区域民族传统体育产业一体化发展的布局上，选择具有扩散效应和辐射效应的区域因素来推动民族传统体育协同发展，率先发展具有较强关联效应的项目和发展前景好的特色项目。

## （六）一体化发展的方式

在珠三角区域民族传统体育产业一体化发展的方式上，转变粗放型发展模式，建立集约型发展模式，在民族传统体育产业的开发中重视生态环保，走可持续发展之路。

# 第七章 基于增长极理论的区域体育产业一体化发展实证研究——以体育旅游产业为例

体育旅游是体育市场与旅游市场相结合产生的一种新产品，近年来其市场需求越来越旺盛，增长速度越来越快，发展潜力巨大，成为新时期旅游发展的潮流。体育旅游市场的开发与扩大促进了我国体育旅游产业的发展，体育旅游产业成为一些地区的主导体育产业，并在增值极理论和产业一体化发展背景下逐渐形成了体育旅游产业优先发展、体育旅游产业与其他体育产业协调发展以及区域体育旅游产业协同发展的局面，对推动我国体育产业与旅游产业的发展具有重要意义。本章主要对增长极理论下区域体育旅游产业发展进行研究，首先分析体育旅游产业的基础知识，然后重点对我国环渤海、东南沿海以及西部地区的体育旅游产业一体化发展进行研究。

# 第一节　体育旅游产业概述

## 一、体育旅游产业的概念与特点

体育旅游产业是以体育旅游资源为依托，以体育旅游者为主要对象，将体育旅游服务提供给该对象，从而满足其需求的综合性产业。体育旅游产业具有以下几方面的特点。

### （一）关联性

体育旅游产业是一个新兴产业，其由多个密切联系的行业构成。体育旅游产业与直接为体育旅游者提供体育旅游产品和服务的行业是密切相关的，如交通运输业、住宿餐饮业、观赏娱乐业等。此外，体育旅游产业与纺织业、园林业、外贸业、地产业等间接为体育旅游者提供体育旅游产品和服务的行业也存在着一定的联系。

### （二）服务性

现阶段，第三产业正在飞速发展，体育旅游产业作为第三产业中的重要内容，自然也得到了快速的发展，关注与参与体育旅游的人越来越多。体育旅游产业将相关的服务提供给体育旅游者，使旅游者的旅游需求得到满足，在这一过程中，体育旅游服务是作为一种体育旅游产品出现的。在体育旅游产业中，虽然相关企业也会向旅游者提供一些具体形式的旅游产品，但更多的还是提供体育旅游服务。体育旅游企业为旅游者提供的服务大都是无形的，是带不走的，体育旅游者留下的只有一段经历和回忆。因此，对于体育旅游者而言，在旅游过程中所享受和体验的旅游服务就是其获得的最有价值的产品。这就充分体现了体育旅游产业的服务性特征。

## （三）风险性

第三产业具有一定的敏感性，体育旅游产业作为服务业的一个重要组成部分同样具有这一特征。竞争压力大、风险性强是体育旅游产业较为敏感的主要表现。体育旅游产业的发展很容易受社会因素的影响，不同因素的变化都会对体育旅游产业的发展造成不同程度的影响。

从需求角度来看，体育旅游需求具有很明显的弹性，且很容易受自然因素、政治因素、经济因素及社会因素的影响，无论哪方面的因素发生变化，都会对体育旅游需求造成影响，影响体育旅游需求必然会影响体育旅游产业。

体育旅游产业的发展存在着较大的风险，其中有很大一部分原因就是由体育旅游产业的依托性导致的。体育旅游产业的发展对其他产业有很强的依赖性，因此不管是国民经济的整体发展，还是其他产业的发展，都会对体育旅游产业的发展造成影响。一旦相关的链接产业出现了波动，体育旅游产业的发展也必然会受到影响。

# 二、体育旅游产业的作用

## （一）供给作用

供给作用是体育旅游产业的一个重要作用，其主要表现在体育旅游产业中的有关行业是体育旅游供给的重要提供者。这种供给在体育旅游的发展中至关重要。如果没有这种供给，体育旅游就不会像现在一样快速发展，甚至会出现自生自灭的局面。而只有体育旅游产业发挥自己的供给作用，才能使体育旅游由小到大、由弱到强、健康有序地发展，才能使体育旅游市场不断扩大。因此，我们在发展体育旅游的过程中，必须重视体育旅游产业这一领军部门所发挥的作用。

## （二）组织作用

体育旅游的发展同样离不开体育旅游产业的组织作用。体育旅游的存在与发展离不开两方面的要素，即需求和供给，这两个方面相互依存、相辅相成。离开任何一方，体育旅游产业就不会存在，更谈不上发展。不管是供给方面，还是需求方面，体育旅游产业都发挥了重要的组织作用，正因为这个作用，体育旅游市场才得以繁荣。

旅游业具有重要的组织作用，体育旅游之所以能够从无到有，体育旅游活动的规模之所以能够不断拓展，正是因为这种组织作用。体育旅游产业的组织作用的充分发挥带来了一些有意义的结果，如现代包价体育旅游的推出、包价体育旅游团的出现以及自助"背包客"的流行等。

## （三）便利作用

体育旅游者参与体育旅游活动，离不开体育旅游产业提供便利服务，这是旅游者顺利完成体育旅游活动的关键条件。在体育旅游产业提供便利服务的条件下完成体育旅游活动已经成为一种常规化的现代旅游模式，而且体育旅游者利用体育旅游产业提供的旅游服务来完成旅游目的也已经是一种普遍现象了。

体育旅游者在开始旅游之前会做全面的准备，但因为体育旅游的特殊性，旅游者很难预料自己在旅游过程中会遇到哪些问题与困难，而由体育旅游产业提供的体育旅游服务有利于帮助体育旅游者解除后顾之忧。有了相关的体育旅游服务，体育旅游者不必担心自己的旅行，也不必担心自己在旅游目的地的生活和活动。正因为体育旅游产业提供的这些便利，体育旅游者才有了旅游的积极性。

# 第二节　我国环渤海体育旅游产业的一体化发展

环渤海地区区位条件优越，经济发达，旅游资源丰富，工业基础雄厚，体育旅游设施条件也比较完善，同时大型体育赛事的举办带来的契机以及国家政策的支持也为环渤海地区体育旅游产业的发展提供了良好条件。可见，在环渤海地区开发体育旅游市场具有很大可行性的。

## 一、我国环渤海体育旅游产业一体化发展的机遇与挑战分析

我国环渤海地区体育旅游产业一体化发展过程中，机遇与挑战并存，下面展开具体分析。

### （一）机遇分析

#### 1.开放程度

近些年，随着社会的不断进步与经济发展水平的不断提高，人们面临着非常大的生活压力和工作压力，长期在压力下生活的人们迫切需要通过一种方式来放松自我，体育旅游因为具有这方面的价值而受到了众多都市人的青睐。有些体育旅游者甚至对要去哪些地方旅游并不在意，他们只关心去了这个地方后是否能够真正放松身心。都市人喜欢参与乡村游与生态游活动，在旅游过程中"住农家院、吃农家饭、学农家活"，这些都让他们感到彻底的放松。大部分人认为，紧张的社会生活必须通过一些元素来调剂，而旅游就是这样一种有效、健康的元素，人们只有根据自己的情况来选择自己喜欢的旅游方式，才能获得真正的快乐与享受。

如今，我国旅游业以较快的速度发展，人民大众的旅游消费也呈现出个

性化趋势，休闲性与求异性成为当代旅游的主要特征，这也为环渤海地区体育旅游产业的发展带来了机遇。

**2.旅游战略发展**

山东省体育旅游资源丰富，文化底蕴深厚，在当地发展观光旅游和休闲旅游都具有得天独厚的条件，因此应依托丰富且独具特色的资源将环渤海地区打造成度假天堂、文化圣地，使山东省成为远近闻名的旅游大省和旅游强省。

近些年来山东地区的旅游业发展速度不断提升，而且注重与周边区域加强旅游合作和协同发展。在区域旅游合作方面，各级政府积极发挥主导作用，对协调合作机制进行创立，对共同的信息平台进行构建，对共同的旅游产品进行开发设计，对共同的旅游景观进行宣传与推销，从而促进了本地旅游业与区域旅游业的顺利发展。

**3.优势显著**

我国环渤海地区体育旅游产业的开发有多方面的优势，具体体现在以下几方面。

（1）天然的自然资源

从自然环境看，环渤海地区一般温度恒定，阳光充足，空气清新，绿树掩映，碧海蓝天，景色迷人，是回归自然、放松休闲的好去处。很多自然地貌条件适合体育旅游和休闲活动，如柔软的沙滩可以供人们进行沙滩排球，通达的曲径可以供游人骑车畅游，碧绿的海水可以供人们游泳沐浴等。

（2）丰富的体育旅游项目

环渤海地区依托丰富的自然资源开发了很多体育旅游项目，包括水上旅游项目（帆船、皮划艇、摩托艇等）、登山旅游项目、民族特色项目（龙舟竞渡、风筝等）、探险体验旅游项目（蹦极、跳伞、飞艇等）以及休闲体育旅游项目，如沙滩排球等。丰富的体育旅游项目为体育旅游的进一步发展打下了良好基础。

（3）良好的社会环境和经济条件

从社会环境看，改革开放以来，东部沿海地区作为改革开放较早的区域，在文化交流、社会发展和精神文明建设方面都取得了长足发展，在思想观念、发展思路等方面都具有开阔的思维，尤其在商业意识、经营理念等方面，都为体育旅游的发展提供了良好的条件。近些年来，东部沿海地区经济发展迅速，居民收入提升，追求健康、休闲和时尚的生活方式，参与体育旅游成为他们重要的消费需求，这为环渤海地区发展体育旅游提供了巨大的市场潜力。此外，在基础设施方面，环渤海区商业、交通发达，可为游客提供良好的吃、住、行、购、玩等服务，这为该区域体育旅游的发展提供了基础保障。

## （二）挑战分析

从现实来看，环渤海地区体育旅游产业的发展还遇到了一些挑战与威胁，影响较大的有以下两种。

### 1.市场竞争激烈

商品经济发展到一定程度后必然会带来市场竞争，旅游市场的发展同样也是如此。人们有了外出旅游的意识、需求，具备了旅游的条件与实力等，都是在国家经济发展到一定阶段之后才出现的，因此说国家经济的发展是旅游业发展的根本推动力。

旅游经济运行中，旅游市场竞争逐渐出现，包括两种类型，即国内旅游市场的竞争与国际旅游市场的竞争。

（1）国内旅游市场的竞争

随着我国经济的不断发展，环渤海地区在发展体育旅游产业的过程中不断改革与创新，从而促进了本地体育旅游产业的繁荣与发展。然而，在发展过程中，其面临着来自国内的一些竞争压力，这些压力主要源于旅游业信息化、产业化的不断发展以及国内市场的拓展。

（2）国际旅游市场的竞争

环渤海地区体育旅游产业的发展不仅面临着来自国内竞争对手的竞争压力，还面临着来自国际市场的竞争压力，后者主要来源于国际旅游行业巨头。随着体育出境旅游的不断发展，环渤海地区旅游部门也应做好积极应对国际竞争的准备，努力提高自身的服务质量和品牌形象。

### 2.环境危机严峻

发展旅游能够带来可观的经济效益和社会效益，这也是开发商与旅游部门最关心的事，需要注意的是，旅游业的发展在给旅游地带来经济收益与社会收益的同时，也在一定程度上破坏了旅游地的生态环境，但这方面往往容易被忽视。我国很多地方在开发体育旅游资源的过程中造成了不同程度的空气污染、水质污染及植被污染，从而严重影响了旅游地的可持续发展。当前，环渤海地区体育旅游产业的发展带来的环境问题主要表现在以下三个方面：

（1）旅游者乱扔垃圾严重污染了景区的环境。

（2）利用自然资源开发旅游活动本身就是对自然生态环境的一种破坏。

（3）环渤海地区体育旅游资源与市场的开发程度与环渤海地区的整体环境不协调。

以上环境问题给环渤海地区体育旅游产业的发展造成了严重威胁，政府、旅游企业部门以及体育旅游者等都应该将这一问题重视起来，政府应对环境管理法律进行制定，并加强环境管理；旅游企业在开发体育旅游资源时应严格遵循可持续原则，避免破坏自然环境；游客应养成爱护环境的良好习惯，严格律己，积极保护旅游的环境。

## 二、我国环渤海体育旅游产业一体化发展的策略研究

### （一）合理规划、综合决策、协调发展

在推动环渤海地区体育旅游产业一体化的发展过程中，应该对该地区的人口、社会、经济等现状与发展趋势进行全面与综合的考虑，同时注意分析自然资源、自然生态环境以及社会环境的承载能力，避免造成生态环境的破坏和自然资源的无限制开发。

在开发环渤海地区体育旅游资源、建设相关设施、保护自然生态环境以及维护社会环境的过程中，应该将相关政府部门、社会各界以及当地居民的积极性充分调动起来，将体育旅游产业与环渤海地区经济、社会、文化的关系妥善处理，对短期利益与长远利益的关系进行科学的把握，对旅游者与当地居民、旅游投资者、经营者相互之间的利益关系进行合理的协调。通过科学的论证来促进环渤海地区体育旅游带的人工设施与自然社会环境、区内环境与周边环境的和谐统一，采取法律、经济、行政等有效手段来减轻甚至消除自然、人为因素对旅游资源的破坏，从而使旅游资源的可持续利用和体育旅游与环境之间的协调发展得到可靠的保障。

此外，在环渤海地区经济社会的总体发展规划中纳入该地区体育旅游带可持续发展的相关内容，从宏观上对环渤海体育旅游带的规划与开发进行把握，加强综合决策，从而使环渤海地区体育旅游与本地经济、社会、环境等因素的协调发展得到保障。

## （二）开发我国环渤海地区体育旅游带

以消费市场的需求为导向，按照体育旅游开发的内在规律，将体育资源或者体育活动打造成为适合体育旅游者健身、娱乐、休闲、交际目的的旅游产品，从而形成具有良好的经济、社会、环境效益的旅游特色，这一过程就是所谓的体育旅游开发。本质上而言，体育旅游开发就是采取一些加工形式将体育旅游资源加工成能够使体育旅游者的各种需求得到满足的产品，对体育旅游资源的加工能够促进其经济、社会以及生态价值的实现。

环渤海地区体育旅游带开发方向为"两地"（济南、青岛）、"两轴"（胶济轴、滨海轴）与"四区"（济南—淄博体育文化旅游区、青岛—日照环渤海体育赛事旅游区、潍坊民俗体验旅游区、烟台—威海历史文化、环渤海体育赛事旅游区），"黄金海岸"旅游带是重点开发地区。[1]

---

[1] 闫立亮，李琳琳.环渤海体育旅游带的构建与大型体育赛事互动的研究[M].济南：山东人民出版社，2010.

### （三）强化品牌意识，对品牌战略加以实施

首先，对环渤海地区的体育旅游资源进行整体规划，在"全面规划，严格保护，合理开发"的基础上加强体育旅游市场开发。对体育旅游资源的开发应有步骤、有针对性地进行，从而促进拳头产品的形成。

其次，环渤海地区山水等自然资源和人文资源都比较丰富，旅游企业应将这些资源优势充分利用起来，将各类体育旅游产品做大、做强。

再次，旅游企业注重品牌的树立，使体育旅游市场吸引力和竞争力不断提高。环渤海地区山地丘陵、森林资源都比较丰富，而且生态环境良好，以这些自然景观为依托可以对体育森林公园、体育旅游度假村、体育旅游主题公园等进行建设，还可以对狩猎、滑翔、探险、牵引、攀岩、跳伞、定向运动、蹦极、野外拓展训练等体育旅游项目进行开发，从而使自然资源类体育旅游产品形成自己的特色，这样才能在市场竞争中抢占先机。

最后，对各级各类体育节项目要积极申办，促进本区域影响力的不断扩大。在申办体育赛事的过程中，应注重对拥有自主品牌和产权的传统和经典体育赛事进行组织与举办，要创建自己的特色产品，进而对全国甚至国际体育旅游爱好者产生吸引力，争取将环渤海地区建设成远近闻名的体育旅游热点区域。

# 第三节　我国东南沿海体育旅游产业的一体化发展

东南沿海地区是我国经济较发达区域，旅游市场开发潜力巨大。当前，休闲旅游业成为我国第三产业发展的新经济增长点，我国东南沿海加大对体育旅游的开发力度，以此来带动本区域第三产业尤其是体育产业的发展。而且在东南沿海体育产业一体化发展进程中，体育旅游也做出了较大的贡献。在增长极理论的指导下，我国东南沿海体育产业的一体化发展取得了一定

的成绩，关于本区域体育旅游产业的一体化发展，还需要从以下几方面来努力。

# 一、整合东南沿海地区的体育旅游资源

## （一）系统性整合

整合东南沿海地区的体育旅游资源要坚持系统性原则。从系统理论与协同理论的角度来看，如果一个区域的所有方面、所有地区都能够形成良好的配合，那么就会产生协同效应，使整个区域获得更大的发展。对体育旅游区域进行开发与资源整合的目的之一是使整个区域的体育旅游得到协同发展，使区域内的体育旅游建立有机联系。由此可见，要对区域体育旅游资源进行开发与整合就必须遵循并坚持整体性这一基本原则。如果忽略这一原则，体育旅游资源的整合与开发方向就很难明确。

系统性整合具有以下几个方面的含义：

（1）将区域作为一个整体，放在更高层次的区域系统中进行观察，可以对区域的位置与地域分工有更加充分了解，并根据地理定位进行整合。

（2）站在区域整体的高度对各地区、各部门开发活动的合理性进行分析与判断，做出决策。

（3）作为一个独特的旅游整体，体育旅游产业与环境、经济、社会都有非常密切的联系。整合的目的就是将区域内体育旅游产业与各部分之间的关系处理好。通过开发与整合资源，既要充分发挥整个产业的功能，同时也要使其中的各个部分都能得到很好的发展，使其成为东南沿海地区整个区域经济的新增长点。

（4）东南沿海各城市在文化、资源等方面存在着一定的联系，这也是区域共同性的体现。各个地区在凸显自身特色的同时，也要塑造区域体育旅游的整体形象，使各方面关系协调，使区域的共性更加突出。

## （二）因地制宜整合

从地域分工的相关理论来看，只有将各个地区的优势充分发挥出来，体育旅游的开发才能获得更大的效益。因此，对区域体育旅游资源进行开发应遵循因地制宜的原则。在开发过程中，区域内各地区都要找到适合自己的位置，充分发挥自身优势，并且保证自身不可被替代。但是，如果在开发整合的过程中都只注重自身利益，没有合作意识，那么区域开发整合的可行性就会减弱。需要说明的是，进行整合并不是要将竞争消除，而是通过整合进行整体互动，在这一过程中，既需要地方保持自身个性，将个性凸显出来，同时也要适当通过竞争促使开发更加深入。

遵循因地制宜的原则对东南沿海区域体育旅游资源进行合理开发，要了解区域内体育旅游所具有的优势和特性，使资源具有的潜力在整合开发过程中得以充分发挥，这样能使区域体育旅游的结构更加完整，进一步丰富区域内体育旅游项目，提高东南沿海地区区域体育旅游的整体吸引力，使区域体育旅游产业协同发展的经济效益得到提高。

# 二、制定与实施滨海保护区生态体育旅游发展战略

利用东南沿海地区独具特色的滨海资源开发生态体育旅游，将推动东南沿海地区体育旅游产业的进一步发展。

## （一）制定科学的生态体育旅游规划

为科学、合理地开发东南沿海滨海体育旅游资源，要制订科学、合理的生态体育旅游发展规划。科学发展规划的制订要以自然生态伦理理论、生态经济学理论为指导，在合理利用生态旅游资源的基础上，遵循生态系统发展的基本规律，对区域的体育旅游产业结构、功能、规模等实行统筹规划，做到既不破坏区域内的生态平衡，又能促进体育旅游资源的合理开发。

制订科学的生态体育旅游规划应落实以下工作：

（1）明确旅游资源开发的指导思想。

（2）区域内体育旅游资源的调查与评价。

（3）区域内客源市场的调研与分析。

（4）区域内生态旅游环境的容量分析。

（5）区域内的功能分区与旅游项目规划。

（6）区域区内基础设施建设及发展规划。

（7）区域区内保护措施的实施规划。

（8）区域区内社区发展规划。

（9）区域区组织人事管理规划。

（10）区域内体育旅游开发的成本效益分析。

## （二）建立保护区旅游发展的目标、模式

滨海保护区内生态体育旅游发展的战略要求必须建立生态旅游发展的目标和模式，并采取相应的发展对策。在制订生态体育旅游发展战略规划时，要充分考虑保护区旅游资源的优势和特色，统筹安排、合理布局，将自然美与人工美、游览与教育、保护与开发、生态与环境融为一体。在体育旅游资源开发的过程中，坚持保护与开发相结合的原则，评估保护区内体育旅游生态环境的容量和承载力，开发具有品牌吸引力的体育旅游项目和旅游线路，促进体育旅游资源的可持续利用。

## （三）合理设计滨海保护区功能分区

东南沿海地区滨海保护区内体育旅游资源的开发必须要在功能分区限定的范围内进行，功能分区可以实现土地利用与控制的有机结合，达到分流游客与保护资源的双重目的。因此，科学合理地设计保护区的功能分区十分必要。它不仅可以避免生态体育旅游活动对生态环境和保护区的核心保护对象造成破坏，同时还能保护物种的多样性和原生性。在设计保护区的功能分区时要识别不同区域的旅游价值和资源特色，定位不同区域保护计划、设施情

况等。通过科学手段合理设计的功能分区不仅能有效保护生态资源，同时还能增强东南沿海地区生态体育旅游对游客的吸引力，实现双赢。

## （四）科学进行旅游开发定位和形象策划

要推动滨海保护区内体育旅游的可持续发展，就必须不断创新体育旅游产品，分析市场需求、找准体育旅游产品的市场定位，突出本区域内体育旅游产品的特色，以增强对游客的吸引力。另外，对体育旅游产品的开发应以总体规划为指导，并将保护区的总体发展目标考虑在内，实现共同发展。开发新的体育旅游产品时要做好保护区的形象策划，提升滨海保护区旅游资源的知名度和美誉度，提高旅游服务水平，建立特色体育旅游品牌。

## （五）建立健全滨海保护区旅游管理机制

滨海保护区内体育旅游资源的开发还需要有健全的旅游管理机制作保障，有效的旅游管理机制有助于保护区环境保护的能源效应和地区社会经济福利的增长、人们生活质量的提高以及自然人文资源的可持续利用。建立旅游管理机制的宗旨为要以最小的环境影响为代价，带来最大的社会利益和经济生态利益。

在建立旅游管理机制中，可以从以下几方面进行：

（1）实施价格管理，对游客收费高低的调控可以实现一定的管理目的，如高收费政策能适当控制旅游区域的使用量，调整游客集中度，避免对环境造成过大压力，同时价格管理还能有效保护弱势群体。

（2）良好的人力资源管理可以确保滨海保护区内各项旅游工作顺利与高效完成。

（3）滨海保护区内的服务管理是实现生态体育旅游可持续性的有力保障，将社会文化、经济生态因素融入旅游服务管理中，鼓励不同社会文化背景、年龄特征的群体加入管理，促进本区域内体育旅游的协同发展。

# 第四节　我国西部体育旅游产业的一体化发展

在西部大开发中，体育旅游具有一定的产业优势、资源优势，因此发展前景良好。西部地区大力发展体育旅游产业，并将此作为西部大开发的切入点和优先领域，有利于优化西部产业结构，促进西部经济可持续发展。

## 一、我国西部地区体育旅游产业发展现状

现在，由于人们生活水平不断提高以及旅游意识不断增强，整个社会的旅游生产力开始迅速增长，这为体育旅游产业的发展奠定了良好的基础。近年来，在国家大力扶持下，我国西部地区的体育旅游产业有了较大程度的发展，体育旅游资源开发初具规模，基础设施与服务体系建设有了明显改善。总体而言，西部地区体育旅游产业发展状况良好，但因为各方面因素的影响，也遇到了瓶颈，有待进一步发展。

### （一）体育旅游资源开发初显规模

西北地区以丝绸之路为主轴，依托亚欧大陆桥，设计了富有地域特色的旅游路线，如甘宁的长城之旅、黄河风情、青海高原登山狩猎、新疆塔克拉玛干沙漠探险等。丝绸之路不仅在我国历史上有着重要的影响力，在国外也被人所熟知，丝绸之路的开发不仅体现出了当地旅游的特色，近年来还开发了一系列富有特色的旅游产品，如沙漠汽车拉力赛、滑翔飞行、骑骆驼旅游

等，这些旅游项目都深受游客喜爱。①

西南地区地貌比较奇特，当地政府充分利用这一特色，着力突出当地奇山异水景观的特征，将丰富多彩的民族文化融于其中，开发出了像九寨沟、黄果树瀑布、大理苍山洱海等一系列令人神往的旅游线路或产品。

## （二）体育旅游产品具有鲜明特色

近年来，我国西部各地区进行旅游产品开发时，普遍采取"绝品带动"的战略。这种战略主要是在自然风光游的基础上大力开展生态游，在民族特色文化的基础上开展各种民俗风情游，在保护文物古迹的基础上开展文物古迹游等。在这一战略的指导下，西部地区开发出了不少独具特色和较高质量的体育旅游产品，这一做法值得提倡和借鉴。

总体上，在"绝品战略"带动下，西北地区主要发展历史文化遗迹游、"丝绸之路"游；西南地区主要发展民俗风情游和山区生态游；青藏地区主要发展宗教文化游和"茶马古道游"等。在未来的发展过程中，西部地区相关部门要结合当地的具体实际，重点开发出一大批具有地区特色的体育旅游产品来，如西部探险游、西部科考游、西部宗教游、西部寻根游等，这对于西部地区体育旅游资源的开发具有重要意义。

## （三）民俗体育旅游得到高度重视

我国西部地区少数民族众多，多民族是这一地区的重要特色之一。受历史、环境、文化等因素的影响，西部地区的民族体育内容异常丰富，同时也滋生出了大量的现代体育运动项目。目前，西部地区多种民俗体育旅游项目得到了重点开发，在较短时间内形成了特色鲜明的民俗体育旅游村、寨以及特色浓郁的旅游节等。可见，西部地区的民俗体育旅游得到当地政府部门的

---

① 张小林.西部地区体育文化产业发展研究基于区域典型案例的实证调查[M].北京：民族出版社，2015.

极大重视，这对于推动本地区体育旅游的发展具有重要作用。

## （四）宣传促销手段有待于加强

一般来说，消费者从产生一定的购买动机到做出购买行为时，往往需要充足的理由才能最终付诸行动。一种产品要能促使潜在的购买者产生购买动机就要具有一定的卖点，这一卖点必须要具备两大条件：一是卖点要具有一定的差异性，区别于其他同类产品；二是卖点要具有一定的利益性，即卖点的"好处"所在，这同时也是购买者最关心的利益所在。由此可见，卖点从某种意义上来说是企业产品差异点与消费者利益点的集合体。因此，现代企业在产品营销管理的过程中，要将营销的重点从"请消费者注意"转变为"请注意消费者"，要给予消费者充足的购买理由，引发消费者的购买动机，从而促成其购买的行为。[1]

拥有明显特色和优势的西部体育旅游资源当前在宣传促销方面力度较大，虽然"卖点"甚多，但是有关部门在宣传促销方面不够重视，希望相关部门意识到这一点，通过举办大型赛事、电视广告、旅游节等多种渠道宣传本地区的体育旅游产品，加深人们对西部地区体育旅游资源的了解，触发旅游者的购买行为和动机，从而实现经济效益。

## （五）季节性和高原环境的不利影响

除云南省、贵州省以及四川省部分地区外，西部大多数地区在体育旅游方面均存在旺季时间短、淡季时间长的问题，其中西北地区中部西部淡季时间大约是5~6个月，在这段时间体育旅游人数极少，同时绝大部分设施也被闲置；在每年6月中旬到9月中旬的3个月是旺季，该时段却常常人满为患，并且服务设施与交通也出现极度紧张的状况。

西部高原环境是一把双刃剑，其一方面是西部极为珍贵的体育旅游资

---

① 曹可强.体育产业概论[M].上海：复旦大学出版社，2004.

源，另一方面也让很多游客望而却步。要想更好地适应高原气候条件，游客必须拥有良好的体质。除此之外，西部体育旅游产业集群化也受到高原生态环境脆弱性特征的制约。我国西部体育旅游产业集群化已经起步，并且获得了一定程度的发展，然而在理论准备与实践积累两个方面还需进一步加强。

要想推进西部体育旅游产业的一体化进程，必须科学分析与认识西部当前的现实环境条件。在科学利用西部资源、政策倾向、市场潜力、区位特点等有利条件的基础上，对西部体育旅游产业发展的外界条件进行科学分析，深入理解西部体育旅游产业的发展特征与规律，进而为体育旅游产业一体化发展提供现实依据，进一步加大体育旅游产业一体化发展力度，加快体育旅游产业的市场化与产业化进程。与此同时，还需深刻认识到支持条件与制约条件通常属于动态性与相对性的连续体。在西部大开发战略的持续推进下，西部体育旅游产业的基础设施、经济文化水平、产业发展观念等方面将日益完善，进而使西部体育旅游产业的一体化发展获得更大的空间。

## （六）宁夏沿黄生态经济带体育旅游发展问题较多

宁夏沿黄生态经济带是宁夏经济发展的核心区和精华地带，在整个宁夏地区经济发展和生态发展格局中占有非常重要的地位。沿黄生态经济带拥有丰富的旅游资源，依托这一地区种类多样、内容丰富的特色旅游资源开发体育旅游项目，推动体育与旅游产业的融合及协同发展，并加强协同管理，对于促进宁夏地区体育旅游产业及西部生态经济的发展具有重要意义。宁夏沿黄生态经济带的地理位置和自然条件可以说是得天独厚，这就造就了该地丰富的旅游资源。被誉为"塞上江南"的宁夏是黄河的发源地，黄河流经沿黄生态经济带的大部分地区，河流资源优势为当地开发水上休闲体育项目如游泳、划船、漂流、冲浪、龙舟等提供了良好的自然条件。宁夏沿黄生态经济带的山林资源也很丰富，有贺兰山等著名景观，借助这一资源优势可以对登山、探险猎奇、滑草、攀岩等体育旅游项目进行开发。宁夏沿黄生态经济带的沙漠资源条件得天独厚，因此适合开展的体育旅游项目有滑沙、沙漠赛马、沙漠越野探险等。此外，宁夏沿黄生态经济带开发民俗类体育旅游项目也有资源优势，这主要体现在黄河文化、回族文化、西夏文化等文化资源方面。开发民俗文化旅游也是体育旅游产业发展的一个重要趋势。

总之，宁夏沿黄生态经济带凭借自身丰富的体育旅游资源和独特的优势在开发特色体育旅游项目、开拓体育旅游市场方面的潜力都很大。但是当前，宁夏沿黄生态经济带体育旅游发展也存在诸多问题，主要表现如下。

1.资金投入不足

宁夏沿黄生态经济带体育旅游发展及协同管理中存在着资金投入不足的问题。"政府主导、市场运作、社会参与"，这是宁夏沿黄生态经济带体育旅游业发展采取的主要模式，在这一模式的运行中，资金投入明显不足，缺乏从多个渠道招商引资的意识，没有形成良好的投资环境。资金方面问题的存在与宁夏沿黄生态经济带体育旅游业的发展格局有关，主要表现为规模小，气势弱，项目散且杂，产业机制不够灵活，市场竞争力不强。宁夏沿黄生态经济带虽然体育旅游资源丰富，但因为缺少资金支持，所以产业开发层次不高，很多资源都有待开发和进一步深入开发。宁夏沿黄生态经济带体育旅游景点缺少完善的配套设施、景点结构单一、对景点宣传不到位等都与资金的投入不足有很大的关系。

另外，因为缺少资金保障，导致宁夏沿黄生态经济带的体育旅游资源未得到优化整合，缺少突破性创新，而且体育旅游景点的消费时段也比较短，体育旅游产业的复合型开发理念未能落实，旅游资源优势向旅游产品优势的转化受阻。这些问题直接影响了游客的体验，影响了旅游区的发展规模及经济效益。资金投入少使得宁夏沿黄生态经济带的体育旅游产业很难被培育成为享誉中外的优势特色产业。

2.体育赛事旅游发展水平低

依托体育赛事发展体育旅游产业是非常重要的方式，体育赛事是非常重要的一类体育旅游资源。高水平体育赛事中，运动员竞技水平高超，赛场氛围激烈，能够吸引广大体育爱好者前往赛事举办地观赛、旅游，城市对游客的吸引力足以见证其知名度，也能体现出其在与其他旅游地的竞争中拥有的优势。目前来看，宁夏沿黄生态经济带上的城市承办的体育赛事并不多，大规模的赛事就更少了，体育赛事旅游发展水平低影响了这一地带体育旅游产业的整体发展。

3.对文化内涵的挖掘不够深入

体育旅游产业的发展不能没有灵魂，文化就是这一产业的灵魂，它也是非常重要的旅游资源之一，属于隐性旅游资源，这种潜在的资源必须深入开发才能彰显其价值。作为中华文明的一个重要发祥地，宁夏汇聚了黄河文化、丝路文化、大漠文化、西夏文化等重要的历史文化资源，这些历史遗产的文化内涵丰富且深邃。宁夏沿黄生态经济带的文化旅游资源极其丰富，这些隐藏着深刻文化意蕴的旅游资源是在漫长的发展历史中产生的，挖掘与开发这些文化资源必须注意层次上的深入性，从深层次的文化视角出发来对旅游路线进行设计，从而将宁夏沿黄生态经济带体育旅游文化的唯一性、独特性凸显出来。但目前来看，有关部门在这方面做得不到位，只是在浅层次上开发利用体育旅游资源，而且以开发观光类旅游资源为主，开发的旅游项目缺少文化意蕴和文化精髓，无法满足游客对精神文化的追求。

回族民俗文化是宁夏沿黄生态经济带独特的体育旅游资源，在这类资源的开发方面，宁夏比其他地区明显要有优势。体育旅游产业的发展也为宁夏民俗文化的传播提供了良好的平台。近年来，宁夏沿黄生态经济带在开发民俗体育旅游上取得了一定的成果，民俗文化游、回乡体验游等特性旅游项目吸引了一部分游客，但在开发中也存在不少问题，如不注重保护历史遗产和民俗文化，将现代化的不和谐因素加入原始性文化旅游资源的开发中，影响游客正确认识传统文化的本真，违背了开发原始性文化旅游资源的初衷，不利于传播与传承优秀的民族体育文化。

4.没有形成系统的产业发展模式

宁夏沿黄生态经济带体育旅游产业的开发模式不够系统，设置体育项目的旅游景点并不多，旅游企业在这方面大都只是进行尝试性开发，投入的财力、物力、人力等各类资源相当有限，这就制约了宁夏沿黄生态经济带体育旅游产业规模的扩大与系统化产业发展模式的形成。设置体育项目的一些旅游景点取得了较好的成效，但进一步开发体育旅游项目的力度还是不够大，所以体育旅游带动当地经济发展的成效不够明显。

### 5.缺乏宣传

旅游景区知名度的高低、王牌景点的数量及其影响力直接影响游客选择旅游目的地的动机。对任何地方的旅游景点来说，要吸引游客，都必须要有良好的知名度，这是一张不可或缺的名片。宁夏沿黄生态经济带虽然有很多著名的旅游景点，但因为缺少宣传，缺少人气效应，所以品牌路线无法做大做强，产业结构不够系统、全面。

宁夏沿黄生态经济带上的各地有关部门虽然也在宣传本地的体育旅游资源，但宣传媒介以传统媒介为主，对现代宣传媒介的运用不多，宣传面不广，传播平台少。另外，宁夏沿黄生态经济带对外宣传体育旅游资源时，各行业相对比较分裂，如旅行社、酒店、饭店都在宣传自己的特色和优惠，缺少合作，甚至还会展开竞争，如此分裂化的宣传使得游客无法准确捕捉旅游地的综合吸引力。另外，宁夏沿黄生态经济带上各旅游景点之间存在明显的竞争性，缺乏合作，甚至还有恶性竞争的问题，导致这一地带的体育旅游产业缺乏良好的开发环境，对外的整体知名度较低，难以大规模拓展客源市场，加大客流量，最终制约了宁夏沿黄生态经济带体育旅游产业的发展水平及协同管理效果。

### 6.管理体制欠缺

（1）缺乏制度化管理

在宁夏沿黄生态经济带体育旅游产业的协同管理中存在管理分散的问题，很多旅游项目中都可以融入体育元素，设置体育项目，从而形成新的体育旅游项目，这样尽管使体育旅游产业的市场适应性得到了提升，但是给体育旅游产业协同管理制度的改革与落实带来了一些阻碍。

（2）缺乏规范化管理

作为新兴产业，体育旅游产业的协同管理中很多方面都处于空白状态，管理严重缺失，监管不到位、不规范，细节管理被忽视，资金分配不合理，人员管理不严谨，甚至对于打法律"擦边球"的市场行为视而不见，从而影响了宁夏沿黄生态经济带体育旅游产业的健康持续发展。

（3）缺乏安全化管理

因为体育运动本身的特殊性，以"体育+旅游"为基础内容的体育旅游产业中不可避免地要开发一些有风险的户外体育旅游项目，以满足游客的冒险心理和刺激需求。开发户外体育旅游项目，尤其要重视安全问题，提高安全意识，加强防范与管理，以保障游客的安全。但目前来看，在宁夏沿黄生态经济带户外体育旅游项目的开发中，有关部门和企业缺乏安全管理意识，没有明确针对不同风险级别的项目提出安全管理措施，导致一些游客在攀岩、蹦极等极限户外旅游项目中发生安全事故。

（4）缺乏人性化管理

在"互联网+"背景下，体育旅游产业的现代化管理、多元化管理越来越受重视，但人本管理理念还没有充分落实，缺少人性化管理，这也是影响宁夏沿黄生态经济带体育旅游产业协同发展及管理的一个重要原因。

### 7.缺乏高素质的专业团队

在体育旅游产业的发展中，旅行社是非常重要的支柱产业，它对体育旅游业的贡献及价值是其他产业所不可替代的。有关人员调查发现，宁夏沿黄生态经济带旅行社的从业人员数量少，综合素质不高，这也是这一地带体育旅游业迟迟发展不起来，且管理效果甚微的一个重要原因。

旅行社现有的从业人员缺乏专业素养和丰富的服务经验，服务质量不高，怠慢游客的现象经常发生，甚至一些知名景区也有这种情况。宁夏沿黄生态经济带乃至整个宁夏地区体育旅游产业的经营管理都因缺乏高素质的专业队伍而处于较低水平，宁夏回族自治区体育旅游产业乃至整个旅游业的整体形象也大大受损，广大游客对高质量体育旅游服务的需求得不到满足。

# 二、我国西部体育旅游产业一体化发展的建议

## （一）深入开发西部体育旅游资源

### 1.统筹规划、系统开发

体育旅游产业具有很强的产业关联性和依托性，因此，需要政府与行业协会等相关部门和组织的统筹规划、共同管理，政府体育部门和旅游部门在西部地区发展体育旅游产业中将发挥举足轻重的作用，应在体育旅游产业的发展规划中提出产品开发的总体思想和整体思路。

我国西部旅游资源丰富，它们是经济、文化发展的载体，开发西部体育旅游产品要与西部旅游资源的整体开发紧密融合，如果把体育旅游独立开来，就不能发挥西部旅游资源的整体优势。

西部政府与行业协会等相关部门应该具备大西部、大旅游、大市场的观念，把西部地区旅游产业开发作为整体来把握，以西部大开发战略为契机，充分挖掘西部体育旅游资源的发展潜力，拓宽发展空间，促进西部体育旅游产业发展，重视对西部地区旅游基础设施的建设、体育旅游资源的开发、体育旅游市场的培育和规划、体育旅游专业人才的培训和引进等，并在这些方面通力合作、共享资源、共同发展。

### 2.以政府为主导、以市场为导向

目前，我国西部体育旅游产业发展还处于初级阶段，其市场机制、前期投入、配套设施建设等方面都还不够完善，需要政府采取必要的手段和措施大力扶持与培育，具体体现在如下方面：

（1）培育市场体系，规范企业行为和市场秩序，为从事体育旅游的企业提供公共服务。

（2）加强旅游宣传，积极培养专业体育旅游产业使用人才，提高旅游业的服务质量。

（3）开展体育旅游资源普查，进行系统规划。

西部体育旅游产业的发展还需要发挥市场的导向作用，适应市场经济发

展的规律，以市场为导向开发体育旅游产品。

### 3.寻找客源、适度开发

众所周知，任何一项不可再生资源的开发都不能过度，都应与社会、自然、地理、人文环境的发展等相适应，西部地区体育旅游资源的开发也应如此。但目前，人们对开发与保护、产品和市场的关系认识不足，再加上行为上的偏差导致开发很多项目时都是一哄而上，过度开发，造成不可挽回的破坏。

一项体育旅游项目能否列为被开发资源，应该考虑该项体育旅游是否具有潜在的和现实的吸引力，是否具有稳定的体育旅游客源市场。因此，西部地区体育旅游资源的开发必须遵守市场供需平衡的规律，合理、有序、有偿、有计划地进行开发。

### 4.突出特色、打造精品

"人无我有，人有我优，人优我精"是旅游产品开发的成功之道，即树立全局观、系统观、超前观、创新观，以资源为依托、以产品为基础、以市场为导向、以效益为中心，突出体育旅游特色，打造体育旅游精品，构建体育旅游新体系，促进体育旅游的长远发展。

要突出西部地区体育旅游的特色，打造精品旅游品牌，应该做到以下几点：

（1）突出特色。特色是一种旅游资源区别于其他旅游资源的优势，特色的确立与发扬，关系到体育旅游发展的成败。

（2）重视联动。重视体育旅游资源开发的联动效应，发挥体育旅游产品的规模效益，打造联动性产品。

（3）拉动市场需求。市场需求是体育旅游产业发展的准绳，在规模的基础上形成市场影响力，持续拉动市场需求。

（4）带动其他产业发展。体育旅游产业关联度高，可以带动很多相关产业发展，为西部经济发展做出贡献。

（5）可持续发展。体育旅游产业的开发应重视长远发展，综合考虑经济效益、社会效益和环境效益。

## （二）充分保护西部地区体育旅游资源

### 1.做好规划

在西部地区体育旅游产业发展中，要对本地区体育旅游资源进行细致分析，做好规划，考虑以下事宜：

（1）各种体育旅游活动对当地自然旅游资源的破坏程度。

（2）在开发体育旅游资源的过程中，能否最大化地减少或避免破坏自然资源。

（3）体育旅游活动是否与当地自然景观保持和谐。

（4）准确预测当地的水陆交通工具和运输量，并事先制订切实可行的应急方案。

### 2.加强保护

要推动西部地区体育旅游产业一体化发展的长远战略的实施，就必须建立主体意识，端正态度，以积极的心态投入对体育旅游产业的保护与开发中。在保护体育旅游资源的过程中，以"防"为主，以"治"为辅，加强"防治结合"，善于充分利用各种策略和手段加强对西部地区体育旅游的管理和保护。另外，还要做好检查工作，及时发现问题并加以解决。

### 3.防范破坏

在保护西部体育旅游资源的过程中，要想办法防范人为破坏的情况。其中最为重要的一点是加强体育旅游资源保护的宣传教育，提高旅游者的基本素质。这对于体育旅游资源的开发者和建设者，体育旅游产业的经营者，以及普通的旅游爱好者来说都具有非常重要的意义。只有当社会大众充分意识到保护体育旅游资源的重要性，才能唤醒他们主动保护的意愿，激发自觉保护的意识与行动。

### 4.加强研究

加强对西部地区体育旅游资源的保护，首先就要注意方法和手段的选择，在选择方法和手段时要遵循科学性和合理性的原则。在保护体育旅游资源的过程中，西部地区各级管理部门要将保护政策和措施落到实处，采取经济高效的保护方法。除此之外，各部门还要加强人才培养，培养一大批专业人才、文化传承者、非遗保护者，提高体育旅游资源保护的效果和质量。

5.制定法规

由于各方面的原因，我国西部地区体育旅游资源存在不同程度的破坏，政府相关部门要对此高度重视，积极制定相关的保护性法律、法规，并加大执法力度，对损坏体育旅游资源的单位和个人进行必要的处罚，对严重破坏者追究法律责任。在体育旅游市场化的过程中不断完善法律法规体系，才能确保体育旅游资源的合理开发和可持续利用。

## （三）加强对体育旅游产业的发展管理

就我国西部体育旅游产业的管理问题而言，产品质量管理、服务质量管理、安全管理均属于关键部分。

1.产品质量和服务管理

提升产品质量与服务质量是保障我国西部体育旅游产业稳步发展的根本。从我国西部体育旅游产业发展现状来看，创新是提升产品质量与服务质量的重中之重。

在西部体育旅游产业一体化发展过程中，不能完全照搬东部地区以及其他知名景点的发展模式，而要密切联系西部特殊的自然条件和文化氛围，开辟西部体育旅游产业集群化发展的特色之路。另外，还要大胆创新体育旅游产品的包装环节和设计环节等，利用有效创新来有效提升西部体育旅游的产品质量与服务质量。

2.安全管理

安全管理是推动我国西部体育旅游产业一体化发展的重要前提。体育旅游属于把体育运动与旅游活动集为一体的休闲方式。通常情况下，体育旅游均伴有形式多样、强度多样、运动量多样的体育运动。此外游客参与体育旅游过程中还客观存在很多无法确定的因素，倘若不将安全管理摆在重要位置，则会在很大程度上提高安全事故的发生率。因此，在西部体育旅游产业一体化发展的过程中，必须开展实地考察与调研，尽可能提升体育旅游的安全系数。

另外，在组织旅游的实践过程中，要耐心讲解各项安全事项，同时要配备应急救援措施以及医疗急救用品，从根本上降低安全事故的发生率以及伤害程度。

## （四）加强宁夏沿黄生态经济带体育旅游的发展

1.探索体育非遗旅游开发模式

（1）政府主导，提供政策支持

宁夏地区非常重视发展旅游产业，并明确提出要把这一产业"做大做强"，宁夏旅游发展委员会充分发挥自身职能，为宁夏旅游区招商引资，跨行业整合优势资源，结合地方资源优势制订发展规划，建设旅游示范区，出台了一系列新政策来支持宁夏沿黄生态经济带旅游、体育旅游及体育非遗旅游的发展。为推动体育非遗旅游的发展，相关景区要与体育非遗传承人展开合作，从市场化角度开发体育非遗资源时充分发挥传承人的作用，以保护非遗资源，以免因开发不合理造成很大损失。

（2）发挥传承人的作用

开发宁夏沿黄生态经济带的体育非遗旅游资源，加强非遗传承人与景区的合作，这样能够保护非遗资源，也能提高景区非遗旅游资源的影响力。但要注意避免陷入利益分配的矛盾中，旅游景区可通过技术入股的方式邀请传承人合作，在这个合作关系中倡导"获利分配"，这样能够使传承人的顾虑消除。获利分配方案的制定应由旅游景区和传承人共同完成，双方签署合作协议，将各自的权利、职责及获利明确下来，避免出现利益纠纷问题。技术入股、获利分配的合作方式充分保障了宁夏沿黄生态经济带体育非遗旅游资源的深度开发，也能使这一地带体育旅游景区的品质得到提升。

（3）加大人才支持力度

人才支持是宁夏沿黄生态经济带开发体育非遗旅游产业的一个重要保障。宁夏沿黄生态经济带开发体育非遗旅游资源需要有专业的旅游人才，包括体育表演人才、体育产业管理人才、体育活动编排人才等，这些人才能够在创编体育非遗剧目、改良体育非遗资源、设计民族体育用品中发挥自己的价值与优势。另外，软件开发人才、网络技术人才也很重要，这些人才主要在体育非遗旅游产品的网络营销中发挥作用。鉴于专业人才的重要性，宁夏沿黄生态经济带在体育非遗旅游的开发中应特别重视对专业人才的培养。

2.通过联合、互补来增加体育旅游业的市场份额

宁夏沿黄生态经济带在开发体育旅游产业，加强体育旅游产业协同管理的过程中既要考虑本地区的经济现状，又有与周边地区加强横向合作，走联动发展之路。横向合作的原则是互惠互利，在合作中要建立资源共享机制，共同拓展市场，共同开发客源地。与宁夏回族自治区相邻的省区有甘肃、青海、陕西、内蒙古等，这些省区人文历史悠久，生态旅游资源丰富，宁夏沿黄生态经济带应发挥自身的地理优势，与这些省区密切合作，共享旅游资源，形成良性的资源互补效应，同时相互之间还要保持旅游信息沟通的通畅性，互相为对方输送客源，以扩大各自的体育旅游市场规模。有关部门要针对宁夏及周边省区的体育旅游产业制定区域联动发展方案，加强营销互动、资金联动、资源互补、客流联动，同时在区域旅游市场的开发与拓展中采用现代网络技术来提高网络营销的效率，以创新化的发展与管理机制来为宁夏沿黄生态经济带体育旅游产业的可持续发展提供方向与指引。宁夏沿黄生态经济带的旅游部门、体育部门在开发体育旅游资源的过程中，还要注意与相关产业部门的合作，建立部门间的联动机制，从而实现相关行业的协同发展，提高协同管理效率。

另外，宁夏沿黄生态经济带要将本地区特色鲜明的体育旅游产品全方位、多角度呈现给游客，积极调整本地体育旅游产品结构，将回乡体验游、穿越沙漠游等作为重点宣传的旅游项目，使游客看到宁夏体育旅游项目的独特性。宁夏沿黄生态经济带的体育旅游景区及有关行业部门还应积极参加国内外旅游交易、交流活动，从宏观层面上加强统一布局，宁夏与周边地区联

合起来将丝绸旅游线路、西部帝陵旅游线路推向国际旅游市场。

**3.提高体育旅游业发展的实力和活力**

体育旅游产业具有综合性，跨行业、跨地区是其综合性的主要表现。开发综合性的体育旅游产业，要求树立"大"的观念，即大旅游、大产业、大市场，政府、旅游管理部门及旅游相关企业等共同将体育旅游产业做大。宁夏沿黄生态经济带应结合本地的资源环境、经济发展现状来为本地体育旅游产业制定发展规划，产业布局要从宏观着手，使本地体育旅游产业的发展与城市发展相协调、与生态环境相协调，与相关行业的发展规划相适应，通过优势互补实现协同发展，进而促进本地经济发展水平的提高。加强体育旅游产业协同管理，政府要加强宏观调控，完善调控体系与宏观管理机制。为提高体育旅游产业的市场化运作效率，还应突破行业界限，打破区域壁垒，将宁夏沿黄生态经济带上丰富多样的体育旅游资源盘活，在利益驱动机制下探索多元化的协同发展模式及管理机制。

**4.改善生态环境、发展生态体育旅游**

宁夏沿黄生态经济带上的地方政府应该积极调动一切力量切实做好生态环境的保护工作，如退耕还草、防风固沙等，以促进宁夏生态环境的改善与优化，为旅游者提供良好的旅游环境。开发宁夏沿黄生态经济带的体育旅游资源，必须摒弃不良开发行为和对生态环境有破坏性的行为，如滥采滥挖、过度开发等，只有尊重自然，爱护自然资源，树立可持续发展理念，才能将宁夏沿黄生态经济带的生态体育旅游开发得更好。

**5.加大宣传促销力度**

宣传不到位、促销乏力是影响宁夏沿黄生态经济带体育旅游产业发展及协同管理的一个重要因素。要想使宁夏沿黄生态经济带的体育旅游产业实现持久发展，就必须采取"走出去"的发展战略，创建能够代表本地旅游特色和旅游优势的品牌，在旅游宣传中确定一个吸引人的主题，扩大宣传面，加大促销力度。

在针对体育旅游项目的宣传促销中，可发挥各地的旅游资源优势，走联合互动的宣传道路，建立西北旅游联合体，构建特色化体育旅游经济圈，为宣传宁夏沿黄生态经济带的体育旅游项目提供一个更大的平台。具体来说，可采取的宣传促销手段有：建立宁夏沿黄生态经济带体育旅游互联网站；设立宁夏体育旅游频道；开展体育旅游宣传促销活动和市场巡回宣传活动，形成辐射效应；和客源地友好往来，不断巩固已有客源市场，同时对新的客源市场积极培育。总之，宁夏沿黄生态经济带在宣传促销方面应做到多角度宣传、全方位宣传，将软宣传与硬宣传结合起来。

6.强化风险防范与科学管理

（1）强化综合治理

对于体育旅游风险要加强综合管理与治理，这就需要有关部门建立健全法律体系，严格提出防范管理要求，明确宁夏沿黄生态经济带旅游企业与管理者各自的职责，形成联动机制，以加强对旅游风险的预防。

（2）增加技术投入

风险防范需要技术手段做保障，这就需要投入大量的技术设备。宁夏地区相关部门应该严格选拔专业技术人员，重视对专业技术人员的培养，加强专业技术培训，使专业人员对体育旅游设备进行常态化检修，并针对各类风险及时出台应急处置方案，有序开展风险预防与管理工作。

7.提高体育旅游产业从业者的业务素质

宁夏沿黄生态经济带在体育旅游产业管理中应加强对体育旅游从业者的全面培训，促进从业者专业素养及业务能力的提升，从而提高体育旅游业的服务质量和水准。体育旅游专业队伍既要有好的形象、气质，又要有好的素质和服务态度，要体现出良好的综合素质。另外，对高级专业人才的培养很重要，要积极将旅游行业的高端人才引进体育旅游业中，将国内外相关人才充实到体育旅游专业人才队伍中，使宁夏沿黄生态经济带体育旅游业的人才队伍不断壮大。

除培养专业人才外，对相关行业的服务人员的培养及管理同样非常重要，如旅游景区的服务人员、餐饮行业的服务人员、酒店行业的服务人员、旅行社的导游及其他业务人员等，在对这些相关人员的培养中，提高他们的职业素养、道德素养的培养很重要，要使服务人员以良好的综合素质和服务态度为游客提供优质的服务。对于导游人员的培养，要严格落实持证上岗制度，加强职业资格培训，使旅游队伍既有良好的政治素质和道德素质，又有高超的业务能力。

# 参考文献

[1]刘远祥.体育产业结构优化研究[M].济南：山东大学出版社，2015.

[2]金跃峰.区域体育产业发展的研究[M].北京：中国商务出版社，2009.

[3]许进.体育产业的发展及市场化运营研究[M].徐州：中国矿业大学出版社，2018.

[4]徐金庆.体育产业市场建设及其竞争力研究[M].北京：中国书籍出版社，2020.

[5]彭志伟."一带一路"背景下我国体育产业发展体系研究[M].北京：中国纺织出版社，2018.

[6]牟柳，朱子义，田广.我国体育产业与人口结构互动关系研究[J].西南大学学报（自然科学版），2021，46（12）：123–131.

[7]冯晶，张晋峰.论我国体育产业发展的社会环境[J].山西大学学报（哲学社会科学版），2003（06）：121–123.

[8]李艳荣，张长念.区域协同发展战略下京津冀体育产业一体化发展研究[J].广州体育学院学报，2019，39（01）：40–44.

[9]蔡宝家.区域休闲体育产业发展研究[M].厦门：厦门大学出版社，2017.

[10]钟华梅，王兆红.京津冀体育产业协同发展策略研究[J].哈尔滨体育学院学报，2019，37（05）：43–49.

[11]李欣.京津冀一体化机遇下的休闲体育产业发展策略[J].产业与科技论坛，2015，14（13）：19–20.

[12]朱艳英，原儒建.京津冀地区休闲体育产业联动现状研究[J].合作经济与科技，2015（17）：39–40.

[13]孔艳君，李克雷，宋广民.京津冀休闲体育产业协同创新发展研究[J].当代体育科技，2017，7（33）：151–152.

[14]高亚坤,李相如.新时代京津冀地区体育产业协同发展路径研究[J].当代体育科技,2020,10(02):178+180.

[15]李刚,梁俊雄,刘丽.产业集群视角下珠三角民族传统体育产业发展研究[J].广州体育学院学报,2012,32(03):10-14.

[16]钟敬秋.区域体育产业发展评价与优化战略[M].北京:中国水利水电出版社,2020.

[17]童莹娟,郭子杰,胡佳澍.长三角体育产业结构布局及区域协同发展的策略选择[M].北京:九州出版社,2019.

[18]王晓林,鞠明海,朱立斌.体育产业与区域经济发展研究[M].哈尔滨:哈尔滨地图出版社,2008.

[19]张小林.西部地区体育文化产业发展研究基于区域典型案例的实证调查[M].北京:民族出版社,2015.

[20]王艳.我国区域优势体育产业选择与培育发展研究[M].北京:北京体育大学出版社,2014.

[21]丛湖平,罗建英.体育赛事产业区域核心竞争力形成机制研究[M].杭州:浙江大学出版社,2011.

[22]于兆杰等.珠江三角洲大都市圈体育现代化的协调发展研究[M].徐州,中国矿业大学出版社有限责任公司,2017.

[23]张燕.粤港澳大湾区协同创新模式探究——基于增长极理论[J].改革与开放,2022(05):1-7.

[24]惠棠,贺晓东,杨开忠.经济结构的理论、应用与政策[M].北京:中国社会科学出版社,1991.

[25]石丽菁.基于区域"增长极"理论的长三角地区体育产业发展战略研究[C]//.第十二届全国体育科学大会论文摘要汇编——专题报告(体育产业分会).[出版者不详],2022:460-461.

[26]孙久文.区域经济学[M].北京:首都经济贸易大学出版社,2020.

[27]陈军亚.西方区域经济一体化理论的起源及发展[J].华中师范大学学报(人文社会科学版),2008,47(06):57-63.

[28]黄珂.体育产业促进区域经济增长机理分析[J].经济研究导刊,2017(22):58-59.

[29]张井水.区域体育产业发展的影响因素与发展策略探索[J].黄山学院学报，2022，24（03）：71-74.

[30]郭娜，史曙生.区域体育产业协调发展的研究[J].当代体育科技，2016，6（10）：116+118.

[31]徐倩.浅谈我国区域体育产业的发展建议[J].商，2016（33）：295.

[32]曹可强.体育产业概论[M].上海：复旦大学出版社，2004.

[33]季城，谢新涛，刘鸽.城市效益视域下长三角体育产业一体化发展的战略使命与前景[C]//.第十二届全国体育科学大会论文摘要汇编——墙报交流（体育产业分会）.[出版者不详]，2022：518-519.

[34]廉涛.长三角体育产业一体化的理论与实证研究[D].上海体育学院，2020.

[35]王佳玉.长三角地区体育产业结构优化路径研究[D].安徽财经大学，2020.

[36]赵金岭.我国高端体育旅游的理论与实证研究[D].福建师范大学，2013.

[37]蓝建卓.民族地区高校少数民族传统体育人才培养路径研究——基于《普通高等学校本科专业类教学质量国家标准》[J].河池学院学报，2020，40（04）：82-87.

[38]李菊花，谭达顺.体育旅游产业竞争力研究[M].哈尔滨：哈尔滨出版社，2021.

[39]刘文燕.民族体育旅游产业的发展与思考[M].北京：原子能出版社，2017.

[40]李静文.休闲体育产业与经营管理[M].北京：新华出版社，2017.

[41]谷茂恒.我国休闲体育产业研究[M].天津：天津科学技术出版社，2020.

[42]张树军.生态文明视域下休闲体育产业融资模式研究[M].北京：中国商业出版社，2020.

[43]丁生喜.区域经济学通论[M].北京：中国经济出版社，2018.

[44]肖卓霖.区域经济协同发展的理论与实践研究[M].北京：中国纺织出版社，2021.

[45]环渤海区域经济年鉴编委会编.环渤海区域经济年鉴[M].天津：天津科学技术出版社，2019.

[46]段娟.中国区域经济发展研究[M].武汉：华中科技大学出版社，2019.

[47]赵慧.区域经济发展理论与实践[M].兰州：甘肃人民出版社，2019.

[48]（美）伊万·J.阿济斯；中国人民银行营业管理部青年翻译组译.区域经济学基本概念政策和制度[M].北京：中国金融出版社，2021.

[49]邢俊，翟璇，柯海倩.区域经济治理[M].成都：西南交通大学出版社，2017.

[50]刘志永.双主体模式与区域经济增长研究[M].武汉：华中科学技术大学出版社，2020.

[51]孙久文.区域经济学[M].北京：首都经济贸易大学出版社，2017.

[52]刘丽娟.区域经济发展理论与实践研究[M].北京：中国原子能出版社，2020.

[53]曹春宇，朱少银，吴广杰，彭斌.珠三角体育类国家级非遗项目的动作特点和发展研究[J].时代报告，2021（46）：88-89.

[54]于兆杰，陈伟芬.珠三角体育公共服务均等化的发展与路径选择[J].运动，2016（10）：133-134.

[55]吕林.环渤海体育旅游经济圈发展战略研究[J].山西财经大学学报，2009（A1）：100-101.

[56]方星星.生态观视域下环渤海经济区体育旅游可持续发展研究[J].内蒙古体育科技，2012（2）：6-7.

[57]吴俊.我国东部沿海省份落后乡村体育组织资源实情与开发[J].吉林体育学院学报，2017（4）：38-43.

[58]王敦海.浅析我国东部沿海地区体育理论建设[J].职业时空，2011（4）：30-31.

[59]乌兰图戈.我国东部沿海地区和西部地区农村体育比较研究[J].山东师范大学学报（自然科学版），2011（4）.

[60]何志均.珠三角体育市场发展调查[J].体育文化导刊，2011（4）：82-84.

[61]谢冬兴.产业转型期珠三角体育用品出口钻石模式分析[J].四川体育科

学，2015（2）：102-106，116.

[62]吴晓强，张爱平.珠三角体育场馆经营模式及市场运作机制的研究[J].成都体育学院学报，2006（3）：33-36.

[63]顾祎昵.协同创新的理论模式及区域经济协同发展分析[J].理论探讨，2013（05）：95-98.

[64]郭炳德.体育产业概念理解及分类的研究[J].山西师大体育学院学报，2004，19（2）：19-20.

[65]郭荣娟，苏志伟.中国体育产业结构升级影响失业率的机制分析与经验研究[J].中国海洋大学学报（社会科学版），2017（04）：51-57.

[66]韩佳.长江三角洲区域经济一体化发展研究[D].华东师范大学，2008.

[67]蒋清海.区域经济发展的若干理论问题[J].财经问题研究，1995（6）：49-54.

[68]金铸.区域经济一体化和"大北京"发展问题研究[J].城市开发，2003（10）：22-25.

[69]孔朝晖.中国体育产业结构现状及优化策略研究[J].经济研究导刊，2017（13）：33-34.

[70]寇大伟.我国区域协调机制的四种类型——基于府际关系视角的分析[J].技术经济与管理研究，2015（04）：99-103.

[71]雷涛.全民健身与体育产业协同发展：理论逻辑与实践路径[J].西安体育学院学报，2017，34（06）：664-669.

[72]李琳，杨婕，杨田，徐烈辉.区域体育产业可持续发展评价指标体系研究[J].北京体育大学学报，2010，33（09）：26-29.

[73]李琳.区域经济协同发展：动态评估、驱动机制及模式选择[M].北京：社会科学文献出版社，2016.

[74]李新德，徐阳.基于SSM和区位熵分析法的华东地区体育产业结构研究[J].福建体育科技，2013，32（03）：1-2+9.

[75]刘远祥，孙冰川，韩炜.促进体育产业结构优化的政策研究[J].山东体育学院学报，2017，33（01）：1-5.

[76]刘再兴，蒋清海，候景新.区域经济理论与方法[M].北京：中国物价出版社，1996.

[77]柳伯力.体育产业理论辨析[J].成都体育学院学报，2001，27（5）：36-39.

[78]卢方群，黄伟.体育产业集群形成与区域产业结构与布局研究[J].体育科技，2016，37（06）：95-96.

[79]卢金逵，倪刚，熊建萍.区域体育产业竞争力评级与实证研究[J].体育科学，2009，29（6）：28-38.

[80]体育产业统计分类(2019)[J].中华人民共和国国务院公报，2019（22）：30-39.